에멀린 팽크허스트(Emmelin Pankhurst),
영국의 사회 운동가(1858~1928).
미국 군중들로부터 야유를 받고 있다.

KB194301

"우리 여성 참정권 운동가들은
중요한 사명을 갖고 있습니다.

그것은 인류의 절반을
해방시키는 것과
그 해방을 통해서
인류의 나머지 절반을
구하는 것입니다."

학생이라는 이유로,
청소년이라는 이유로
부당한 일을 겪는 사람이,
자신의 존엄을 하릴없이
훼손당하는 사람이
더 이상 생기지 않기를
바란다.

111p, 유남규

마틴 루터 킹(Martin Luther King),
미국의 목사(1929~1968).
흑인의 인권과 경제권 확대를 위한
'직업과 자유를 위한 워싱턴 행진' 후
대중을 향해 손을 흔들고 있다.

"나에게는 꿈이 있습니다.
네 명의 내 자식들이,
피부색이 아닌 그들의 품성에 의해
평가받는 나라에서
살게 되는 것입니다."

1987년 6.10 민주화 운동. 독재를 막고
민주주의를 정착시키려는 대학생들이
대통령 직선제를 요구하며 시위하는
모습이다.

직선제 쟁취

시민 사회는
스스로 생각하는 개인의
자발적 참여로 만들어진다.

학생들은 학교의 운영에
더 많이 참여할 수
있어야 한다.
그리고 그 참여의 책임 역시
함께 나누어야 한다.

74p, 장근영

넬슨 만델라 (Nelson Mandela),
남아프리카 공화국 최초의 흑인 대통령
이자 흑인 인권 운동가(1918~2013).

"여러분 모두가 인간의
유대, 타인에 대한 관심을
기본적인 인생관으로
삼았으면 좋겠다."

권리란
'너무나 정당해서 다수의
힘으로도 함부로 무시하거나
침해해서는 안 되는
어떤 주장이나 요구'
정도로 이해할 수 있어요.

그중 '인권'은 사람이라면
누구나 다 누려야 마땅하다고
세계의 대부분의 나라들이 함
께 인정하고 그 보호를 선언한
보편적 권리에요.

54p, 장은주

태어나 처음
시민의 권리와 의무를 다할,

이제 막 성인이 되려는
우리를
함께 축하하기로 하자.

105p, 노정석

창비

머리말

택배를 기다립니다.

긴 시간 돈을 모아 인터넷에서 수없이 비교하며 주문한 물건입니다. 어떤 색인지
어떻게 생겼는지 환하게 알고 있습니다. 그래도 도착한 상자를 손에 들면 가슴이 설렙니다.
상자를 여는 손이 조금은 떨립니다.

2천여 년 전, 나라가 없던 가락 지역에서는 수백 명이 모여 "거북아, 거북아. 머리를
내놓아라. 그러지 않으면 구워 먹으리라."라고 노래했습니다. 그러자 하늘에서 붉은
보따리가 내려왔습니다. 그 보따리를 푸는 그들의 손 역시 기대와 흥분으로 떨리고 있었을
것입니다.

예나 지금이나 포장된 무언가를 열어 보는 일은 무척이나 가슴 떨리는 일입니다.
이제는 만 18세에게 투표권이 주어지면서, 어쩌면 아직은 낯선 민주주의가 여러분 앞에
놓였습니다. 청소년 여러분이 희망과 도전으로 그 상자를 열어 보기를 바라는 마음에서 이
책은 시작되었습니다.

이 책은 크게 4개의 영역으로 나뉘어 있습니다.
첫 번째는 우리의 생각을 깨우기 위해, 민주주의와 선거를 바라보는 다양한 시각과
시도를 담았습니다.
두 번째는 우리가 꼭 알아야 할 민주주의에 관한 내용을 여러 전문가 선생님의 글과
그림으로 꾸며 보았습니다.
세 번째는 청소년들의 정치 참여를 위해 많은 노력을 기울이셨던 분들의 이야기를
모았습니다. 실천을 통해 민주주의를 완성시키려던 분들의 이야기가 옷매무새를 가다듬게
합니다.
마지막으로 네 번째는 지금까지의 이야기들을 확인하고 되돌아볼 수 있도록 간단한
테스트와 게임을 모았습니다.

만 18세 선거권은 80여 년 전 대한민국 임시 정부 강령에도 포함되어 있었던 내용입니다. 많은 사람들의 노력과 외침으로 이제야 18세에게 주어진 권리에 여러분들이 주인으로 참여하기를 바라는 마음 간절합니다.

이제 민주주의를 처음으로 '언박싱'하는 여러분들에게, 청소년 선거권이 인류에게 온갖 불행을 안겨 주었다던 판도라의 상자가 아니라 정직하고 성실했던 흥부네에게 주어진 복 가득한 '박'이 되기를 바랍니다. 알게 모르게 우리의 생활에 깊게 관여하는 정치를 이해하는 계기가 되어 주기를 바랍니다. 그리고 무엇보다 청소년 시민 여러분들이 건강한 몸과 마음으로 자라 우리 공동체를 따뜻하고 안전하게 만들어 주기를 기원합니다. 당당한 참여, 적극적인 투표를 통해서 말입니다.

기획 위원
송원석, 염명훈, 장영주

차례

BOX 1
생각이 터지는 순간

1.

음, 일단 내가 싫어하는 것부터 말할게. 나는 뭐든지 내 주변이 바뀌는 게 제일 싫어. 귀찮거든. 내가 집안의 자랑인 우리 언니와 방을 따로 쓰기 시작한 이후로 내 방에서 바뀐 게 아무것도 없다는 것만 봐도 그걸 알 수 있을 거야. 물론 방은 더러워질 뿐이지. 하지만 깔끔하신 우리 엄마는 좀 달라. 엄마는 생리할 때만 되면 집안을 꼭 한번씩 뒤집어 버려. 어떤 때는 안방에 있는 옷장과 침대의 위치를 바꿔 놓기도 하고 그게 좀 버겁다 싶으면 하다못해 베란다에 있는 화분 배치를 싹 바꿔 놓기도 해. 난 그걸 도저히 이해할 수 없어. 그래서 엄마가 "어휴……, 이 좁아터진 집 구석." 할 때면 얼른 내 방에 짱 박혀 조용히 이어폰을 귀에 꽂곤 하지.

여튼 방에 물건 하나 바꾸는 일도 끔찍이 싫어하는 내게 모르는 얼굴들로 시야가 채워지는 일이 얼마나 싫겠어. 그래서 난 학년이 바뀌는 게 진짜 싫어. 하지만 싫어도 어쩔 수 있나. 내가 바꿀 수 없는 일에는 빠른 포기가 편해. 난 그래서 새 학년이 시작되는 첫 달에는 평온한 얼굴로 마음속에 있는 짜증과 불만을 숨겨 두곤 하지.

그런데 이번에는 좀 달랐어. 왜냐. 내가 반장을 하기로 마음먹었기 때문이야. 반장을 하려면 선거를 할 거고 당선이 되려면 애들과 친해져야 하거든. 그래서 난 최대한 친절하고 우아한 얼굴로 애들에게 말을 걸기 시작했어. 물론 반장을 한다는 건 귀찮은 일이긴 해. 근데 왜 하려고 하냐? 일단 반장이 되면 귀찮은 일을 줄일 수 있다는 걸 알게 되었거든. 반장은 애들에게 무언가를 시킬 수 있는 자리라고 생각했는데 작년에 반장의 비밀을 하나 더 알게 되었어. 그건 바로 반장은 시킬 수 있는 권한도 있지만 안 시킬 수 있는 권한도 있다는 거야. 뭐 소리냐고? 그게 말이지 담쌤이 "반장. 청소 확인하고 도망간 놈들 이름 적어 와." 하면 제낀 놈들을 '꼬다 바칠' 수도 있지만 내가 눈감아 줄 수도 있다는 거거든. 사실은 그게 더 짜릿할 것 같았어. 아이들이 내 눈치를 보게 한다는 거. "너, 내가 다 알고 있는데 모른 척한 거다." 할 때의 거만함. 이거 얼마나 자세 죽이냐고. 아니 뭐 그렇다고 내가 걔들이 나한테 햄버거 쿠폰 같은 걸 쫘 주기를 바라고 반장이 되려는 건 아냐. 나의 조그마한 소망은 내가 청소 같은 의무도 안 하면서 남들이 그걸 하든지 말든지 신경 쓰지 않아도 된다는 편리함을 누려 보는 거야. 내가 노린 건 바로 그거지.

근데 왜 어른들이 말하잖아. 적은 항상 가까이에 있다고. 내 계산을 눈치 깬 건 우리 반 애들이 아니었어. 그건 바로 언니. 그 잘난 특목고 교복을 일주일마다 번갈아 입고 싶으니 꼭 두 벌을 사 달라고 졸랐던 언니. 재수 없는 그 인간이었어. 학생이 무슨 맨날 교복만 입냐. 그저 지 특목고 다니는 거 자랑하고 싶어서 그러지. 공부는 잘하면서 체육복은 체육할 때만 입는 게 아니라는 건 왜 모르나 몰라.

하여튼 방에서 선거 운동에 쓰려고 하드보드지에 붙일 글자를 오리는데 불쑥 들어와선 내 모습을 휙 스캔하더니 딱 한마디 하더군.
"야. 니 생각처럼 반장이 편한 건 아니거든."
아오 씨. 지는 여러 번 해 봤다 이거지. '라떼는 말이야' 어쩌고 했으면 한판 하려고 했는데 그 말만 뱉어 놓고 나가서 내가 참아 줬어. 근데 잠깐. 분명 입꼬리가 살짝 올라갔던 것 같은데? 이거 비웃은 거지? 난 내가 오려 놓은 글자를 다시 봤어.

봉사하는 자세. 기호 2번 류수우.

왜? 뭐? 봉사가 웃겨?
나랑 키도 똑같은 이 인간을 가만두지 않으리라 문을 벌컥 열고 나가는데 발끝에 전기가 오는 느낌이 들더라구. 뼈가 부러지는 느낌은 아니고 뭐에 팍 찔리는 느낌.
"악!"
너무 아파서 발을 붙잡고 두 바퀴는 구른 것 같아. 난 열받아서 소리질렀어.
"엄마! 선인장을 방 앞에 두면 어떡하냐고!"

2.

맞아. 난 기호 2번이야. 1번이었으면 더 좋았을 텐데 워낙 내가 똥손이니 뭐 어떡해. 번호를 고르는 일에 가위바위보를 시킨 담쌤이 문젠거지. 근데 더 큰 문제는 후보가 4번까지 있다는 거야. 이것들이 이 누나가 좀 하겠다면 알아서 좀 찌그러질 것이지. 에효……. 그렇지만 난 별로 걱정 안 했어. 애들이 별 볼 일 없었거든.

먼저 기호 1번. 얘는 이름이……, 뭐더라? 아! 맞다. 김미영. 작년에 같은 반이었어. 같은 반이었는데도 왜 이름을 기억 못하냐구? 난 원래 싫어하는 애들 이름은 잘 기억 못해. 특히 이런 종류의 인간은. 내가 학년이 바뀌는 것만큼 얘를 싫어하는 이유는 한 250가지 되는데 그 중 첫 번째는 우리 집 언니라는 인간하고 하는 짓이 똑같아서 그래. 시험이나 수행 평가만 끝나면 교무실을 드나들어. "선생님 이거 부분 점수라도 주셔야 하는 거 아니에요?" 하면서 어떨 때는 눈을 똥그랗게 뜨고 개기기도 한다니까. "아니 이게 왜 틀려요?" 그러곤 억울하다며 온 학교에 눈물을 뿌리고 다니지. 들리는 얘기로는 특목고를 꼭 가야 한대. 그래서 반장도 하려는 거고. 아니 반장을 봉사하려는 마음으로 해야지, 스펙 쌓는 도구로 쓰면 되겠어? 나는 뭐 아니냐고? 야, 나는 좀 다르지. 아, 자꾸 따지지 마. 하여튼 난 그 인간하고는 달라.

특목고가 목표면 공부 잘하는 애 아니냐고? 뭐 그건 그래. 성적도 좋고 무슨 발표라도 시키면 제일 먼저 손 들고, 겨울이면 외투도 제일 비싼 거 입고 다니고. 하지만 내가 이길 수 있다고 생각하는 이유는 바로 얘가 인기가 없다는 거야. 선거가 뭐겠어? 결국, 인기투표잖아. 애들은 얘가 점수 때문에 하소연하면 들어 주는 척은 하지만 사실은 뒷담화 작렬이거든. 작년 선거에서도 공약은 제일 그럴듯했는데 왜 떨어졌겠어? 인기가 없었다는 얘기잖아. 그리고 말이 나왔으니까 말인데 반장 선거에 공약이니 뭐니 해도 내 인생에 그게 실천되는 걸 본 적이 없다.

그리고 기호 3번. 나본수. 이 자식은……. 음……. 솔직히 말하면 나하고 썸 타는 사이야. 얘한테 톡이 오면 세 번 정도 무시하다가 한 번 정도

답해 주거든. 그러다 '네 번째 톡이 오면 그땐 잘해 줘야지.' 하며 기다릴 때에는 꼭 더 안 하더라고. 애는 좀 귀여운데 눈치가 없어. 끈기도 없어. 난 그게 우리가 사귀지 못하는 가장 큰 이유라고 생각해. 이번 선거에 나온 것도 아마 내가 나가니까 따라 나온 것 같은데 적당할 때를 봐서 후보 단일화를 하자고 하면 되지 않을까 싶어. 물론 내가 후보가 되는 거지. 애는 작년에도 반장을 했었고 올해는 학생회장에 나갈 거라고 했으니까 잘 구슬리면 될 거라고 봐.

마지막으로 기호 4번. 백승철. 별 볼 일 없는 우리 중에 제일 별 볼 일 '있는' 애야. 장애인인데 내가 볼 때 머리는 우리 중에 제일 정상이야. 전동 휠체어를 타고 다니고 말도 알아듣기 힘든데 기억력은 끝내줘. 역사 시간에 쌤이 연도가 잘 생각나지 않으면 승철이를 한번 쓱 쳐다봐. 그럼 바로 답이 나오지. 계산은 또 어찌나 빠른지 작년에 얘네 반 반 티 맞출 때 돈 계산은 얘가 다 했대. 계산을 잘하니까 수학도 잘하는 건지 벌써 고등학교 2학년 과정까지 끝냈다는 소문이 돌더라고.

게다가 또 겸손해. 애들이 폭풍 칭찬하면 손을 내저으면서 부끄러워한다니까? 쌤들도 하나같이 예뻐하고 애들도 전부 친절하게 대하기는 하지만 난 왠지 얘가 반장이 될 것 같지는 않아. 그건 사람들이 자신들의 이익 앞에서 냉정해지는 걸 한두 번 본 게 아니기 때문이야. 어디서 봤냐고? 명절날 외갓집에서. 어른들이 모여서 고스톱을 치기 시작하면 바로 인간성 바닥의 축제가 벌어지지. 특히 우리 엄마. 외할아버지, 외삼촌, 심지어 시누이-올케 사이인 숙모한테도 얄짤없어. 일단 자기가 잃으면 그걸 복구할 때까지 아무도 그 자리를 뜰 수 없어. 따면 또 어떤데. 개평 같은 거 한 푼 없어. 하지만 분노가 가득한 친척들의 눈초리를 뒤로하고 우리 엄마는 돈을 따자마자 바로 일어나지. 눈이 말을 할 수 있었다면 내가 처음 듣는 욕도 무지하게 많이 나왔을 거야. 그런데 신기한 건 아빠가 그런 엄마한테 한마디도 하지 않는 거야. 아마 엄마가 딴 돈이 주로 나와 언니의 청바지와 속옷과 머리핀에 들어간다는 걸 알기 때문인 것 같아. 하여튼 어른들도 돈 몇 푼 때문에 그러는데 우리 반 애들이 별다르겠어? 장애인이 우리 반을 대표하는 반장이 된다? 콕 집어 얘기할 수는 없겠지만 다른 반에 비해 뭔가 손해라고 생각할 거야. 조금 안타깝지만 그래서 반장이 되기는 힘들다고 봐.

자, 이제 알겠지. 이러니까 내가 반장이 된다는 거야. 될 수밖에 없다는 얘기야. 승철이 만큼 잘하지는 못하지만 나도 나름 계산을 해 본 거라구. 임진왜란 때 이순신 장군이 왜놈들한테 한 번도 안 지고 왜 23전 23승 한 줄 알아? 준비되지 않은 싸움에는 나가지 않았기 때문이거든. 힘을 기르다 이길 싸움만 나간다. 키야~ 멋지잖아. 내가 바로 그런 거야. 불리한 싸움에 나가려면 귀찮아. 뭐? 어디다 비교를 하느냐고? 야, 역사는 외우라고 있는 거고 위인은 보고 배우라고 있는 거야. 알지도 못하면서 우이쒸.

3.
결론부터 말하자면 난 떨어졌어. 반장은 1번이 됐고.

미영이는 유세할 때부터 남달랐어. 포토샵이 빵빵하게 처리된 얼굴이 아기자기하게 들어간 현수막을 들고 다니는데 난 좀 질리더라구. 현수막은 진짜 세련되고 예쁜 게 이 동네 솜씨가 아니야. 강남 어디에 연예인들 프로필 찍어 주는 스튜디오 뺄이야. 그걸 들고, 두르고 다니는데 그것도 혼자 다니지 않아. 꼭 애들 두서넛하고 같이 다녔다니까. 그것도 모자라 학교 온 복도에 그 현수막을 붙여 놨어. 아니 우리 반 반장 선거하는데 그 책상만 한 현수막을 왜 다른 데도 붙이냐고. 다른 학년에서도 "얘 연예인이야? 어디 연습생이야?" 하면서 우리 교실에 보러 올 정도였다니까. 난 그게 좀 꼴 보기 싫었어. 한번 만나면 쏴붙여 주려고 벼르고 있었는데 점심시간에 화장실에서 딱 마주친 거야. 틴트 바르느라 거울 앞에 아주 얼굴을 붙이고 있더라. 근데 가만 보니까 눈을 엄청 찡그리고 있었어. 난 딱 눈치 깠지.

"렌즈를 끼지 그래. 안경을 끼던가."

근데 얘가 필요 이상으로 놀라더라. 나도 솔직히 얘가 이렇게 눈이 나쁜 건 처음 알았어.

"어……. 나 원래 렌즈는 끼는데……, 나 렌즈 끼는 거 다른 애들은 모

르는데……, 콤팩트 가루가 눈에 들어갈까 봐 잠깐 뺐거든……. 근데 틴트를 발라야 하는데 이게 어디 있는지 찾을 수가 없어서……. 그래서 일단 바르긴 시작했는데……, 분명 여기 어디 뒀는데…….”

누가 보면 남자애한테 고백하는 줄 알겠네. 뭘 그렇게 더듬어? 말은 왜 또 그렇게 길고. 그리고 아니 화장하면서 콤팩트 가루가 눈에 들어갈 걱정을 한다는 게 말이 돼? 얘 은근 빈틈 많네. 그래서 뭐 어떻게. 같이 찾아 줬지. 렌즈를 끼고 화장도 마치고 얼굴을 펴니까 사진 만큼은 아니지만 좀 예쁘긴 하더라.

“고마워. 그리고 음……. 너 내가 반장 하려고 유난 떤다고 생각하지?”

아니라고는 말 못하겠더라.

“나 사실……. 절박해. 나 꼭 특목고 가야 해. 그러려면 한 번은 꼭 반장을 해야 해.”

“누가 뭐래? 야, 특목고 간다고 다 대학 잘 가고 그런 거 아니더라. 거기 엄청 빡세대.”

언니힌테 들은 얘기가 있으니까 아는 척 좀 했지.

“아냐. 나 대학 잘 가려고 특목고 가려는 거 아냐. 사실……, 난 기숙사 때문에 가려고 하는 거야. 집을 벗어날 수 있으면 난 무슨 짓이든 할 거야. 왜 그런지 묻지는 말아 줘. 난, 이렇게 계속 집에 있으면 죽을 것 같아.”

엥? 난 놀랐어. 얘네 집 엄청 잘산다던데? 그런데 왜? 하지만 난 부탁대로 더 묻지 않았어. 눈물 그렁한 눈을 보면서 더 묻는 건 선을 넘는 거라고 생각했어. 상처는 모른 척해야 빨리 낫고 꽃은 잊고 있어야 어느새 피더라구. 미영이는 엉겁결에 속내를 보이는 바람에 자기 비밀을 두 개나 알게 된 내가 부담스러웠는지 그 이후로 나랑 눈길을 피했지만 선거운동은 씩씩하고 꿋꿋하게 해 나갔어. 그래서 결국 절박한 애가 이긴 거지. 난 그만큼은 아니었거든.

승철이는 승철이대로 이번에 좀 멋있었어. 승철이 공약은 우리 교실이 있는 4층에 장애인 화장실을 만들겠다는 거였어. 별로 쓸데없는 공약이라고 생각해서 점잖게 충고해 줬지.

"승철아, 이건 도움 반 반장 선거가 아니야. 우리 반 애들 모두에게 필요한 약속을 해야지."

승철이는 얼굴을 찡그리며 웃었어.

"아아아아……. 아니야. 제제제제일 소소소소수를 위한 벼벼벼변화가 제제제일 크크크크큰 벼벼벼벼벼변화를 부부부부불러 오오오오오는 거야."

승철이 말은 제일 불편한 사람을 위해 하는 일이 결국 모두를 위한 일이 될 거라는 거였어.

"그그그그건, 내내내내가 제제제일 자자자잘 알아. 너너너넌 오오오오주주주주줌 싸싸싸싸는 이이이일이 어어어얼마나나나 주주중요하하한 이이이일인지 모모모모를 거거거야."

그렇겠구나. 휠체어를 타고 4층에서 2층에 있는 도움 반 장애인 화장실을 가는 일이 보통은 아니겠구나. 아니 불가능한 일이겠구나. 더구나 엘리베이터는 쉬는 시간에 애들이 하도 타고 내리는 걸 막으려고 꺼 놓는 시간도 많은데.

승철이를 대하는 쌤들의 관심과 애들의 친절은 내가 볼 때 지나칠 때가 많았어. 보통의 애들이라면 받지 못했을 쌤들의 관심은 호들갑에 가까웠고 애들의 친절도 어떨 때는 오지랖에 가까웠어. 살짝살짝 엿보이는 남의 불행에 대한 쾌감. 내가 너에게 베풀고 있다는 우월감. 그러면서도 애가 제일 필요로 하는 일에는 눈감고 있었구나. 하지만 현실은 현실이니까 난 사실을 얘기해 줘야 한다고 생각했어.

"학생회 애들 얘기 못 들었어? 학교에 뭐 건의하면 맨날 돈 없다고 한다잖아. 예산이 어쩌고저쩌고. 화장실 새로 만드는 데 돈이 꽤 들걸. 그런데 돈은 한정되어 있는데 여러 애들을 위한 일에 돈을 쓰겠지……."

'너처럼 특별한 몇 명만을 위한 일에 돈을 쓰겠어?'라는 말은 차마 못 했어. 승철이는 그것도 알고 있다는 듯 대답해 줬어. 승철이 얘기를 정리하면 이런 거야.

"머리카락은 작아. 얇아. 근데 그게 모이면 화장실 배수구 구멍을 막아. 물이 흘러 나가지 못해. 난 물을 막을 수 있어. 나 같은 애들이 모이면, 모이기만 하면 할 수 있어. 사람들은 그때서야 머리카락의 힘을 알게 될 거야. 난 그걸 시작하는 중이야."

내가 그동안 들은 얘기 중에 제일 무거운 얘기였던 것 같아. 그래서 뭐라고 대답할 수 없었어.

승철이는 투표하는 날 아침까지 매일 가장 먼저 학교에 나왔어. 잘 알아볼 수 없는 글씨로 만든 종이를 목에 걸고 휠체어에 앉은 채 현관 앞에 있었지. 선거 유세를 하는 건지 1인 시위를 하는 건지 모르겠다는 불평도 있었지만 꽤 많은 애들이 포스트잇을 휠체어에 붙여 줬어.

"맞아. 니 말 ㅇㅈ", "교장쌤 보고 계세요?", "그동안 몰랐어. 미안.", "휠체어 미는 일 필요하면 불러." 등등. 결국 쌤들 회의 시간에까지 이 얘기가 나왔고 내년에는 무조건 공사를 시작하겠다고 했대.

미영이는 처음 해 보는 화장을 하면서까지 반장이 되기 위해 노력했어. 그래서 반장 자리를 얻었고. 나중에는 기숙사를 얻겠지. 승철이는 불편한 몸을 이끌고 매일 쌀쌀한 아침에 나와서 자기 얘기를 들려줬어. 그래서 화장실을 약속받았고. 대부분은 관심 없는 반장 선거였지만 애들은 노력했고 원하는 걸 가지게 된 거지. 그래, 세상에 공짜는 없으니까. 뭔가를 바꾸고 싶은 게 있으면 가만있어서는 되지 않는구나. 뭐 그런 걸 알게 해 준 거지. 근데 난 바뀌는 게 싫으니까 반장이 안 된 거고. 또 그게 마땅한 거 같기도 하고. 하여튼 애들이 그런 건 귀신같이 알아챈다니까.

그럼 3번은 뭘 얻었냐고?

근데 3번이 뭐냐, 3번이. 본수라는 이름이 떡 하니 있는데.

뭐……. 걔는 얼마 노력하지도 않았는데 전생에 나라를 구했는지 무지하게 큰 걸 얻었지. 내 예상대로 선거는 도중에 그만뒀고 대신 내 마음을 얻었어. 지금 우리는 35일째야. ㅋㅋㅋ 💼

칼럼

20년 차 선생님,
교복 입고 투표장에 가다!

조영선

20년 차 고등학교 국어 교사입니다.
5년 차부터 학생 인권에 관심을 갖게 되었고,
2010년 서울에 학생 인권 조례가 생길 때부터
본격적으로 이러저러한 활동을 하게 된 지 벌써
10년이 되었네요.

사회가 정해 놓은 기준에 자신을 맞추느라 자존감을
잃어 가는 학생들을 안타깝게 생각한 선생님이 있다.
타이트하게 재단된 교복을 입고 투표하며
학생들의 몸을 옥죄는 복장 규제를 생각했다는 선생님.
학교 밖에서는 학생들이 참정권을 가질 수 있도록 애썼고,
이제는 교실 안에서 학생들과 자유롭게 의견을 나누길 바라는
어느 선생님의 고군분투기를 소개한다.

•고3의 4월•

학생들에게 '벚꽃의 꽃말은 중간고사'라는 말이 있지요. 이것은 중고등학생들 다
마찬가지라고 생각합니다. 특히 고3에게는 3월 모의고사로 자신의 수준을 확인하고, 4월
모의고사로 확인 사살을 당한 후에 남은 힘을 쥐어짜 중간고사를 준비하는 시기이지요.
이렇게 바쁜 가운데 또 세월호 참사에 대한 기억이 학생들을 더욱 슬프게 만들기도 하고요.
그 사건 이후 4월 수학여행은 거의 없어졌으니까요.

•20년 차 교사, 교복 입고 투표장에 가다•

제가 학생 인권에 관심을 갖게 된 지 이제 10년이 되었어요. 사실 10년 전, 이 문제에
관심을 가지기 시작할 때만 해도 두발 규제 같은 문제는 2~3년 안에 사라질 줄 알았어요.
그런데 서울 학생 인권 조례(2012)에 두발 자유화와 관련된 내용이 담겼음에도 불구하고
두발 규제는 여전했고 6년이 지난 2018년, 조희연 교육감이 두발 자유화를 추진하겠다고
선언한 이후에야 상황이 나아지기 시작했어요. 하지만 아직도 서울에는 학생들의 파마,
염색을 제한하는 학교들이 많아요. 이게 뭐라고, 이게 도대체 뭐라고 이렇게 오래 걸릴까를
생각해 봤어요.

사실 2010년에 사회적인 쟁점으로 떠오른 무상 급식은 지금은 별다른 이견이 없는 보편적인 정책이 되었잖아요. 헌데 학생 인권 조례는 10년이 되어도 제자리인 거예요. 그 이유를 곰곰이 생각해 보니, 학생들에게 정치적 권리가 없으니 정책을 입안하거나 법을 만드는 정치인들이 학생들의 일상과 관련된 문제에 관심을 갖지 않아서 그렇다는 결론에 이르렀어요. 그래서 자연스레 학생들의 정치적 권리에 관심을 갖게 되었죠. 그리고 세월호 진상 규명 집회, 대통령 탄핵 집회에 학생들이 참여하는 모습을 보면서 학생들의 목소리가 정치에 반영될 때 더 나은 세상이 올 수도 있겠다는 희망을 갖게 되었어요. 그래서 학생들의 참정권을 보장하는 운동에 더 적극적으로 참여하게 되었어요.

가장 열심히 했던 활동은 2018년 지방 선거 당시 청소년들이 교육감과 지방 자치 단체장을 뽑을 수 있도록 하기 위한 선거 연령 하향 운동이었어요. 당시 청소년 활동가들의 삭발 농성이 43일간 이어졌고, 매일매일 기자 회견을 하고 큰 집회도 열면서 청소년들의 요구를 국회에 전달했어요. 청와대 국민 청원도 올렸는데 4만여 명이 동의해 주었어요.

당시 제가 고등학교 3학년 수업에 들어갔는데 학생들에게 "모의고사 등급이 좋지 않아도 너희가 세상을 바꿀 수 있으니까 괜찮아. 몇 등급을 맞더라도 학생들의 노력을 배반하지 않는 교육감을 뽑고, 청년들이 구직 활동 지원금을 받을 수 있게 하는 지자체 후보를 뽑는 게 중요해."라고 계속 얘기했었어요. 사실 저는 학생들이 학벌이 갖춰져야 안정된 직업을 가질 수 있는 문제에 대해 제대로 알고 그런 사회를 변화시킬 수 있는 정치인들을 뽑는 게 중요하다고 생각했거든요.

입시 제도도 그래요. 상대 평가를 하면 학생들이 아무리 노력해도 그 노력이 빛을 잃고 바래는 경우도 많거든요. 그런 데서 학생들이 좌절하지 않기를 바랐어요. 그래야 스스로 자존감을 깎아 먹지 않을 수 있으니까요.

"모의고사 등급이 좋지 않아도 너희가
세상을 바꿀 수 있으니까 괜찮아.
몇 등급을 맞더라도 학생들의 노력을
배반하지 않는 교육감을 뽑고,
청년들이 구직 활동 지원금을 받을 수 있게
하는 지자체 후보를 뽑는 게 중요해."

이런저런 이유로 학생들이 선거에 참여하게 하려고 열심히 활동했고 당시 헌법
개정안에 선거 연령을 하향하자는 내용이 포함되기도 했지요. 당연히 선거 연령 하향이
이루어질 거라고 기대했어요. 그런데 국회 의원들이 국회를 열지 않으면서 그 기회는
사라졌고 그래서 학생들에게 어른으로서 부끄럽고 미안했어요. 그러고 나서 지방 선거를
맞게 된 거예요.

그 와중에 비청소년들이 지방 선거에 투표하러 갈 때 교복을 입고 가자는 제안을 했고,
저도 거기에 동참해 정치에 참여하고자 하는 학생들의 마음을 담아 투표하게 되었어요.
그러면 선거 연령 하향을 기대했을 학생들에게 덜 미안해지겠다는 생각도 들었고요.
학생들에게 이런 얘기를 죽 하고 나서 교복을 빌려 달라고 이야기했을 때에는 과연
몇 명이나 선뜻 자기 교복을 빌려줄까 생각했어요. 사실 의복이라는 게 피부에 직접
닿는 것이기도 하니, 다른 사람이 자기 옷을 입는 게 꺼려질 수도 있으니까요. 그런데
생각보다 많은 학생들이 교복을 기꺼이 빌려주었어요. 학생들의 정치 참여에 대한 열망을
느낄 수 있었죠. 더 미안해지는 동시에 그 마음을 이렇게라도 서로 표현할 수 있어서 덜
미안해지기도 했어요.
투표하러 가는 날, 투표장에서 교복으로 갈아입었는데 22년 만에 입는 교복이
정말 너무나 불편했어요. 정말 학생들 말대로 천은 부직포같이 거칠고 움직이기에는

갑갑하더라고요. 학생들이 이렇게 3년 동안 코르셋을 입고 사는구나 싶어 마음이 짠했죠. 학생들이 참여하는 정치에서는 학생들의 몸을 옥죄는 복장 규제 같은 것도 없어졌으면 좋겠다는 생각이 너 절실해졌어요.

•선거권 확대가 발표되던 그날, 18세 선거권의 의미•

선거 연령 하향이 확정되던 날은 국회 의원들이 국회 의장석을 점거해서 여야 의원들이 뒤엉켜 있는 동물 국회의 상황이었죠. 우여곡절 끝에 선거 연령 하향이 결정되었고 각 정당들은 자신들의 승리라고 평가했어요. 하지만 그렇게 되기까지 저와 학생들 같은 수많은 시민들이 일일이 국회 의원들을 찾아다니고, 수백 차례의 기자 회견을 열고, 계절마다 집회를 했던 하나하나가 거대한 흐름을 만들었다고 생각해요.

저는 교사로서 학생들이 학교에 다니며 세상에 대한 절망을 배우는 걸 보는 게 제일 힘들어요. 학생들은 상대 평가 시스템과 학벌 위주의 사회 분위기 속에서 하루하루 자신에 대한 불신을 배워요. 그래서 저는 학생들이 이러한 사회 문제에 대해 스스로 문제라고 말할 수 있고 그 생각을 정치라는 힘으로 표현하게 되고, 그래서 학생들을 평가하는 세상이 어떻게 변화해야 하는지 주장할 수 있게 된 것이 18세 선거 연령 하향이 갖는 의미라고 생각해요.

세월호 참사 때도 참사를 참사라고 말하지도 못하는 분위기였죠. 교사는 진실을 말해야 한다고 생각하는데 그조차도 쉽지 않았어요. 그때 학생들에게 제일 많이 했던 말이 '지켜 주지 못해 미안하다'는 말이었는데 사실 이건 정말 해선 안 될 말이었다고 생각해요. '너희에겐 선택권이 없어. 어른들의 보호 아래 있으니까'라는 말이기도 하니까요. 뭔가 함께 해결해 나가자고 말하려면 최소한의 권리를 주어야 하는데 사실 청소년들에게는 그러한 권리가 없었죠. 이들에게 세상을 제대로 살아가려면 권리를 찾을 용기가 필요하다는 걸 알려 주고 싶어요.

지금은 많은 학생들이 자신의 꿈을 '정규직'이라고 적을 정도로 실업 문제도 심각하고, 입시 경쟁도 여전하죠. 다른 한편으로는 페미니즘, 다문화, 기후 위기 등 사회 전반적인 이슈들도 있죠. 이러한 문제들에 대해 학생들이 주체적으로 참여해야 한다고 말하고 싶어요. 그래야 세상이 살아가기에 나빠지지 않도록 하는 데 함께 책임을 질 수 있겠죠.

학생들은 책임을 남이 시키는 일, 자기에게 부여된 과제를 해내는 것이라고 생각들 하는데 사실 가장 큰 책임은 자신의 권리를 제대로 행사하는 거죠. 청소년들이 선거권을 행사하게 된 지금, 청소년들에게 부여된 참정권을 제대로 행사하는 것이야말로 제대로 된 책임이라는 점을 말하고 싶어요.

•그럼에도 불구하고, 여전히 변하지 않는 교실•

저는 사람들이 일상적 대화와 정치적 대화를 철저히 구분하는 것이 좀 이상하게 느껴져요. 예를 들어, 친구에게 "내가 잘 몰라서 그러는데 너 이번에 누구 찍을 거야?"라고 묻는다면 그 친구는 자기 나름대로 "응, 나는 ○○○을/를 찍을 거야."라고 대답을 하겠죠. 이유가 뭐냐고 물으면 그 친구는 다시 자기 나름의 이유를 설명해 줄 테고요.

성인들도 평소에 정치에 관심을 가질 만한 여유가 없는 상황에서 갑자기 투표권을 행사하게 되면 가장 믿을 만한 사람의 선택을 참고하거나 가장 불신하는 사람과 반대되는 선택을 하게 되잖아요. 이러한 짧은 대화의 과정이 어찌 보면 대한민국에서 이뤄지는 최소한의 민주 시민 교육인 것 같은데요. 그럼 이것은 친구 사이의 일상적 대화일까요? 아니면 상대방과 의견을 나누는 정치적 대화일까요?

청소년들이 자신의 권리를 행사하기 위해 다른 친구나 교사의 의견을 구하고자 할 때 걱정되는 것은 규제 중심의 선거 교육 때문에 모두 침묵하거나, 특정 후보나 정당을 지지한다는 뉘앙스를 풍겨 오해를 받거나, 학교에서 이런 얘기를 해도 되는지 망설이며 자기를 검열하는 상황이죠. 어느 것이 옳은 선택인지 판단하려면 자유롭게 털어놓고 말할 수 있는 분위기가 필요한데 지금 학교 현실에서는 눈치가 보이니까요.

어떤 분들은 후보자가 돌리는 홍보물 등이 학교 안팎에 떨어져 학교를 지저분하게 할까 봐 걱정하기도 하는데요, 오히려 그 홍보물에 담긴 내용을 학생들의 선택에 도움이 되도록 활용하지 못하는 현실이 더 큰 문제라고 생각해요. 예를 들어, '이런 공약들이 국회 의원 한 명이 모두 할 수 있는 일이야?, 지난번 국회 의원 선거 때도 똑같은 얘기가 나왔던 것 같은데 별 변화가 없었잖아, 이 공약들이 현재 나의 삶과는 무슨 관련이 있지?, 정당은 다른데 공약은 똑같은 이 두 후보는 왜 경쟁하는 거야?'라는 질문에 교사가 답할 수 없는 상황이니까요.

•교복 입은 선생님의 투표는 계속된다•

입시나 취직에 신경 써야 해서 선거 날 투표장보다 독서실을 택하는 게 더 이득이라는 친구들이 있는데 물론 그럴 수도 있다고 생각해요. 그런데 독서실에 가서 공부를 하고, 공부한 만큼 성적이 올라도 만약 청소년의 뜻과 관계없이 입시 정책이 바뀌면 그 노력이 수포로 돌아가게 될 수도 있다는 것까지 생각해 보면 좋겠어요.

지금까지는 정부나 어른들 욕만 하면 되었지만, 이제 제한적이나마 학생들도 참여할 수 있는 길이 열리게 되었으니 정치에 대한 무관심의 책임은 학생들에게도 돌아가겠죠. 선거 날 투표도 하고 정치가 내 삶과 어떤 연관이 있는지 생각해 보는 것도 삶의 한 부분인데 그걸 포기하게 하는 사회에 대해 이의를 제기할 수 있는 기회라고도 봐요. 어쩌면 친구들과 경쟁해야 하는 삶에서 벗어나는 방법에 대해 고민하는 계기일 수도 있는데, 그러한 기회를 놓치고 계속 어른들이 만든 룰에 맞춰서 사는 것이 자신의 삶에 이득인지도 생각해 보면 좋겠어요. 삶에서 어느 것이 이득이냐 아니냐는 긴 안목에서 볼 필요가 있는 것 같아요.

저는 돌아오는 선거에도 교복을 입고 투표할 예정이에요. 학생들의 바람과 마음을 담아 투표하고 싶다는 마음이 크고요, 학생들이 일상적으로 느끼는 억압을 일시적으로나마 함께 느끼고 싶다는 마음도 있어요. 청소년 여러분, 그날 저와 함께해 주시겠어요? 🎒

"이제 제한적이나마 학생들도
참여할 수 있는 길이 열리게 되었으니
정치에 대한 무관심의 책임은
학생들에게도 돌아가겠죠."

우리 정치하자!

정치와 선거에 대한 청소년들의 생생한 이야기가 듣고 싶었다. 수소문 끝에 어쩌면 학교 내의 정치 현장이라 할 수 있는 학생회 경험이 있는 친구들을 중심으로 멤버를 모아 보았다.

때는 바야흐로 언택트 시대! 서로 바쁜 일상을 접고 저녁에 만나 진행된 단체 대화방에서의 3일간의 토론. 어쩌면 더 치열하고 그래서 더 속 깊었던 이야기들을 시작한다.

송원석, 염명훈
교사, 진행자 🧑‍🏫

김소영 | 중3
직접 민주주의를 실현하고 싶은 교내 대의원회 의장 💁‍♀️
"적당한 수준의 정치적 분쟁은 도움이 될 수도 있어요."

오윤수 | 고2
교내 생활 협약 개정을 위해 활동했던 학생회 임원 🗣️
"대한민국에서도 젊은 지도자가 나오길 기대합니다."

박정렬 | 고3
청소년 정책을 구상하는 지역 청소년 자치회 임원 🙇‍♂️
"우리나라 청소년 의식 수준, 낮지 않습니다."

최치헌 | 고3
학생 자치를 위한 경기도 의회 정책 토론회 학생 대표 🤔
"교육감 선거, 16세 참여가 시급합니다."

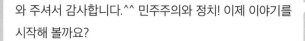

우리나라 정치, 제일 먼저 떠오르는 것은?

염명훈 교사

와 주셔서 감사합니다.^^ 민주주의와 정치! 이제 이야기를 시작해 볼까요?

송원석 교사

우리나라 정치하면 떠오르는 단어나 이미지는 뭔가요?

 최치헌

'진보'와 '보수'라는 단어죠. 극우 꼴통, 종북 좌파 등의 프레임으로 맨날 싸우잖아요.

 박정렬

'내가 원하지 않는 것은 남에게도 하지 말라.'는 공자의 말이 떠오릅니다. 시민들 입장에 좀 서 보라는 거죠.

 김소영

'분쟁'이요. 서로 헐뜯기만 하잖아요. 하지만 적당한 수준의 분쟁은 도움이 될 수도 있겠죠.

 오윤수

저 역시 '정쟁'이요. 협치는 말뿐이고 맨날 충돌하느라 국회가 정지된 적도 있으니까요.

염명훈 교사

부정할 수 없네요.ㅠㅠ 그런데 김소영 학생 말처럼 '정쟁'이 주는 긍정적인 효과는 없을까요?

 오윤수

그건 선의의 경쟁 관계라고 불러야겠죠. 그렇게 되면 당연히 정치가 풍요로워질 겁니다.

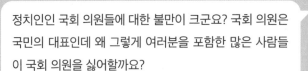
다수결, 대의 민주주의, 그리고 국회 의원

송원석 교사

> 정치인인 국회 의원들에 대한 불만이 크군요? 국회 의원은 국민의 대표인데 왜 그렇게 여러분을 포함한 많은 사람들이 국회 의원을 싫어할까요?

 김소영

> 비리, 사생활 문제, 막말 등 국민들을 정치 혐오나 정치적 무관심으로 이끄니까요. 또 '연봉은 굉장히 많이 받지만, 결과는 형편없다.'라는 인식 때문이죠.

 최치헌

> 정권이 바뀌어도 국민들의 삶은 나아지지 않기 때문이죠.

 박정렬

> 모두가 싫어하는 건 아니겠죠. 몇몇 국회 의원들만 문제죠. 사회적 약자들이 아니라 있는 자들을 위한 정책을 고집하는 국회 의원들이요.

 여기까지 읽으셨습니다.

송원석 교사

> 그런데 선거를 통해 국회 의원을 뽑아 정치를 맡기는 대의 민주주의를 기본으로 하는 우리나라에서, 국회 의원의 자질이 부족하다면 대의 민주주의는 가능한 것일까요?

 최치헌

> 그렇다고 다수의 의견이 정치에 반영되는 대의 민주주의가 불가능하지는 않죠. 국민들이 정치에 대해 잘 알고 관심이 커지면 나아질 거라고 생각해요.

박정렬

저 역시 동감이에요.국민이 정치에 관심이 많고 투표를 열심히 한다는 전제가 있다면 대의 민주주의는 매우 바람직하고 괜찮은 정치 제도라고 생각합니다.

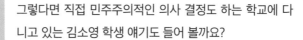

여기까지 읽으셨습니다.

염명훈 교사

그렇다면 직접 민주주의적인 의사 결정도 하는 학교에 다니고 있는 김소영 학생 얘기도 들어 볼까요?

김소영

우리 학교의 '대토론회'를 예로 들 수 있을 것 같아요. 먼저 학생들의 의견을 모으고, 학생, 학부모, 교사가 한자리에 모여서 토론한 후 최종적으로 모든 학생, 학부모, 교사들이 투표로 결정하거든요. 저는 모두가 의견을 내고, 모두가 투표권을 가지고 결정한다는 점에서 좋았어요.

염명훈 교사

혹시 그렇게 모두가 모여서 회의를 하는 방식에 불편한 점은 없었나요? 아니면 고쳤으면 좋겠는 부분은요?

김소영

불편했던 점은 일단 시간이 많이 걸린다는 것이고요, 고쳤으면 하는 점은 모두가 의견을 자유롭게 낼 수 있는 분위기가 형성되었으면 하는 겁니다. 의견을 내면 그 자리에서 바로 평가당할 수 있기 때문에 의견을 내는 것을 부담스럽게 느끼는 사람들도 많았던 것 같아요.

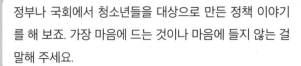

청소년 투표권, 너무 걱정하지 마세요

송원석 교사

정부나 국회에서 청소년들을 대상으로 만든 정책 이야기를 해 보죠. 가장 마음에 드는 것이나 마음에 들지 않는 걸 말해 주세요.

최치헌

가장 마음에 드는 것은 선거권이 만 18세 이상으로 확대된 점입니다. 하지만 투표 경험이 쌓이고 이를 뒷받침할 수 있는 교육이 이루어진다면 선거 연령은 만 18세보다 더 아래로 내려갈 수 있다고 생각합니다.

송원석 교사

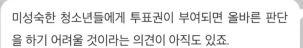

미성숙한 청소년들에게 투표권이 부여되면 올바른 판단을 하기 어려울 것이라는 의견이 아직도 있죠.

 오윤수

인간의 뇌는 13세에 80%가 완성되고 생물학적으로도 고등학생은 성인과 별 차이가 없다는 것을 감안하면 말도 안 되는 주장이라고 생각합니다.

 박정렬

우리나라 청소년들이 인식 수준이 낮지 않다고 생각합니다. 하지만 민주 시민 교육은 아직 좀 부족하다고 생각합니다. 민주 시민 교육을 통해 어른들이 조금 더 도와준다면 더 어린 친구들도 가능합니다.

염명훈 교사

이번에는 중학생인 김소영 학생 이야기를 들어 보죠. 고등학교 3학년에 해당하는 나이가 되면 국회 의원이나 시장, 대통령 등을 뽑을 수 있다는 것을 알고 나서 어떤 기분이 들던가요?

김소영

정말 좋았어요. 개인적으로 평소에 고3이나 성인이나 판단이나 주관에서는 별다를 게 없다고 생각했거든요. 한 살 더 먹는다고 판단력이 갑자기 느는 건 아니니까요. 그리고 학생이 투표권을 가질 수 있다는 게 굉장히 의미 있는 일인 것 같아요. 적어도 정치인들이 어른들만을 위한 공약을 만들지 않을 것이고, 정치에 대한 학생들의 관심도가 올라가니까요.

여기까지 읽으셨습니다.

염명훈 교사

"한 살 더 먹는다고 판단력이 갑자기 느는 건 아니"라는 소영 학생 말이 확 와닿네요. ㅎㅎ
여러분 모두 18세 선거권에 대해서 긍정적인 입장인데요, 그렇다면 우리나라에서 투표는 몇 살부터 가능하다고 생각하나요?

오윤수

저는 만 16세까지 내려도 큰 문제는 없을 거라고 생각합니다. 다만 민주 시민 교육이 제대로 도입되고, 학생들이 정치에 관심을 가질 수 있을 정도의 충분한 환경이 제공된다는 전제하에서요. 특히 교육감 선거는 만 16세로 내리는 게 시급하다고 생각합니다.

최치헌

저도 점진적으로 만 16세까지는 내려갈 수 있다고 생각합니다. 단 여러 제도들이 먼저 정착되어야 한다고 생각합니다. 대표적으로는 교육이 있겠죠. 특히 저도 교육감 선거는 16세로 내리는 것이 시급하다고 생각합니다.

염명훈 교사

그렇군요. 그럼 교육감 선거에 있어 참여 연령이 더 낮아져야 한다고 생각하게 된 계기가 있을까요?

 오윤수

사실 굉장히 단순합니다. 대의 민주주의에서 정책을 만들 때는 두 주체의 의견을 청취해야 합니다. 첫 번째는 그 해당 분야의 전문가일 것이고, 두 번째는 정책의 대상이죠. 그런데 교육 정책에서만 두 번째가 누락되어 있는 겁니다. 제가 중학교 학생회 활동을 할 때, 선생님들은 교복을 없애자 하고 학생은 오히려 교복을 유지하자고 하는 진풍경이 있었습니다. 학생들이 논리적인 근거로 주장하는 모습을 보고, 학생들이 복합적인 사고와 객관적인 판단을 할 능력이 있다는 것이 증명되는 풍경이었다고 저는 생각하고요, 실제로 학교 정책을 학생과 교사, 학부모가 함께 만들어 내고 가꾸어 가는 모습을 보면서 교육 공동체에 대한 국가적인 의사 결정에 참여할 권리는 학생에게도 주어져야 한다고 생각했습니다.

여기까지 읽으셨습니다.

송원석 교사

하지만 청소년 선거권 확대로 학교가 갈등의 공간이 될 수 있다는 의견도 있습니다.

 오윤수

청소년 선거권 확대로 학교가 합리적 토론의 장이 될 수 있다면 그것이야말로 가장 자연스러운 민주 시민 교육이라고 생각합니다. 전혀 상관없습니다.

최치헌

교내에서 문제가 생긴다면 자체적으로 규정을 마련할 수도 있겠지만 저는 위에서 언급했던 민주 시민을 육성시키기 위한 교육 과정에서 토론 시간을 가지고 자신의 생각을 발표하게 하면 생각을 성숙하게 공유할 수 있을 것이라고 생각합니다.

박정렬

저는 학교가 갈등의 공간이 될 수 있다는 의견에 대해 동의합니다. 정치에 관한 자신의 의견이 학생들의 입에서 오르내리면 남들과는 다른 의견을 가진 학생이 피해자가 될 수도 있습니다.

그리고 만약 학교의 선생님이 자신의 특정한 정치적 의견을 말하기라도 한다면 학생들은 생활기록부, 성적 등에 대한 압박으로 자신의 정치적 의견을 그 선생님에게 맞춰 가는 경우도 있을 것 같습니다. 그러므로 상황에 따라서 표현을 제한할 수 있게 하기 위한 법안을 만드는 등 조치를 해야 한다고 생각합니다.

김소영

선거를 위한 갈등은 어찌 보면 좋은 영향일지도 모릅니다. 학생들이 정치에 대해 토론하고, 생각을 공유한다는 것은 분명 바람직한 모습입니다. 갈등은 서로 다른 생각을 가지고 있다는 것의 증거가 될 수 있습니다. 너무 격한 갈등은 규정이나 교육으로 충분히 제재할 수 있다고 생각합니다.

. . .

염명훈 교사

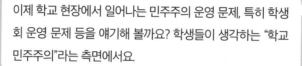

이제 학교 현장에서 일어나는 민주주의 운영 문제, 특히 학생회 운영 문제 등을 얘기해 볼까요? 학생들이 생각하는 "학교 민주주의"라는 측면에서요.

최치헌

대의원회의 본질은 학생회가 어떤 사업을 할 때 그 사업을 심의, 의결하는 것에 있다고 생각합니다. 즉 국가로 치면 의회라는 것이죠. 하지만 대의원회는 활성화되어 있지 않았고 1년에 두 번 열릴까 말까 한 회의는 그마저도 약식이어서 빠르게 끝났습니다. 그리고 학생회장이 대의원회 의장을 겸하는 상황에 의구심이 생겼습니다. 어떻게 심의를 하는 기관의 대표와 심의를 받는 기관의 대표가 같은지 의문이 들었습니다. 저는 이 규정을 개정해 줄 것을 학교에 건의했습니다만 "상위법령에 저촉된다, 전례가 없다, 학교에서 불필요한 갈등이 생긴다."라는 이야기를 들었습니다. 전례가 없으면 만들면 되는 것이고 민주적으로 의견을 내는 게 과연 불필요한 갈등인가 싶으며 그럼 학생 자치회를 만든 이유가 무엇인지 궁금했습니다.

오윤수

제가 다닌 중학교의 경우 대의원회는 학생회와 분리되었고, 학교에 발생하는 문제들을 논의하고 여론을 수렴했지만, 구성원들의 참여 부족으로 인해 사실상 많은 어려움이 있었습니다.

김소영

제가 느낀 대의원회의 문제는 첫째, 몇몇 고학년 위주로 진행된다는 것입니다. 저는 평소에 의견 내기를 좋아하고, 참여하기를 굉장히 좋아합니다. 하지만 대의원회의에서는 정말 단 한 개의 의견도 내지 못했습니다. 단순히 똑똑한 선배 몇이 이끌어 가는 듯한 느낌이 들었습니다.

여기까지 읽으셨습니다.

송원석 교사

이어서 묻겠습니다. 학생 대표의 학교 운영 위원회 참석, 학생회실 마련 등 학생 자치에 대한 지원이 늘고 있지만 아직 실행되고 있지 않은 학교도 많다고 들었습니다. 그 이유가 무엇일까요?

 오윤수

정책이 정해진 이후에는 그것을 이행할 수 있는 법적 근거나 방안까지 마련되지 않았으니까요. 따라서 교육감이나 각 자치단체의 교육 행정가가 직접 학생들과 소통할 수 있는 네트워크를 구축하는 것이 좋지 않을까 생각합니다. 일종의 법망 감시 체계를 만드는 거죠.

 박정렬

저는 이번에도 관심이 부족해서라고 생각합니다. 현재 대부분의 고등학교에 있는 선생님들, 학생들, 그리고 학부모님들은 진로와 입시에만 대부분의 관심을 두고 있습니다.

 김소영

실행되지 않는 이유는 많겠지만, 저는 '학생들이 목소리를 내지 않았기 때문'도 있다고 생각합니다. 위에서 말한 것들을 처음부터 제공하는 학교도 있겠지만, 실행하지 않는 학교도 많습니다. 저는 그런 경우에는 학생들이 직접 요구해야 한다고 생각합니다.

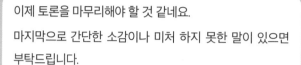

청소년 투표권, 꼭 행사하자고요

송원석 교사

이제 토론을 마무리해야 할 것 같네요.
마지막으로 간단한 소감이나 미처 하지 못한 말이 있으면
부탁드립니다.

최치헌

이번 토론을 통해 저 말고도 많은 친구들이 성숙한 시민 의
식을 가지고 있다는 것에 감동했습니다.

김소영

토론에 적극적으로 참여하지는 못했지만, 그래도 정말 흔
하지 않은 경험이었어요. 여러 가지를 진지하게 고민해 볼
수 있는 시간이었던 것 같습니다.

박정렬

약간이지만 평소 학교에서 이뤄지는 학생 자치와 학생들의
복지에 신경을 쓰고 있었습니다. 그러다 보니 문제점에 대
해 말하고 싶었습니다. 하지만 학교에서는 그럴 수 있는 기
회가 적어서 아쉬웠는데 이번 기회에 이렇게 여러 친구들
의 의견을 들어 보고 저의 의견을 말할 수 있어서 매우 뜻깊
은 경험이었습니다. 😄👏

오윤수

이렇게 청소년의 정치와 자치, 그리고 민주시민 교육에 관
심을 가진 분들이 계시다는 것에 감사하고요, 언젠가 대한
민국에서도 프랑스의 42세 대통령, 핀란드의 34세 총리
같은 젊은 행정 수장이 활동하는 모습을 볼 수 있기를 바
랍니다.

염명훈 교사

저 역시 이번 토론을 통해 형식과 주제를 떠나 이 사회의 교사로서, 또한 성인으로서 여러분들의 이야기를 많이 생각하고 스스로를 돌아보는 계기가 되었습니다.

민주주의에 대한 학생들의 이러한 열정이 계속 이어지기를 바랍니다.

그리고 무엇보다 어렵게 갖게 된 투표권을 행사할 때가 오면 빠지지 말고 꼭 그 투표권을 행사하세요.^^ 💼

김소영 님이 나갔습니다.

박정렬 님이 나갔습니다.

최치현 님이 나갔습니다.

오윤수 님이 나갔습니다.

송원석 교사 님이 나갔습니다.

염명훈 교사 님이 나갔습니다.

BOX 2

BOX 2
민주주의 알아보기

만화: 선을 넘은 민주주의, 이원우

인터뷰: 민주주의, 우리는 얼마나 알고 있을까?, 장은주×정혜원

Q&A: 공직 선거 투표에 관해 궁금한 n가지, 우승연

칼럼: 우리나라 청소년들의 시민 의식 실태 엿보기, 장근영

기사: 청소년에게 정치를 허(許)하라!

만화
선을 넘은 민주주의

3월 15일 실시된 제4대 정·부통령 선거에 자유당 후보로
4선을 노리는 이승만(대통령), 이기붕(부통령)이 출마했다.

4월 15일, 제21대 총선은 코로나 19로 인해 투표율이
떨어질 것이라는 예상이 나오고 있었다.

장기 집권과 비리로 지지율이 하락한 자유당은 선거에서
야당 참관인 매수, 투표함 바꿔치기 등을 저지른다.

다음 날인 4월 16일은 304명의 학생들이 목숨을 잃은
세월호 참사 6주기가 되는 날이었다.

노골적인 부정 선거에 항의하는 시위가 마산, 대구,
부산, 서울 등 전국적으로 확산되었다.

2019년 12월, 공직 선거법이 통과되면서
고3 학생들도 선거권을 갖게 되었다.

4월 11일, 최루탄을 맞고 숨진 김주열의 시체가 마산
앞바다에 떠오르자 국민들의 분노는 폭발했다.

4월부터 학교는 온라인 수업을 시작했고, 정부의 휴원
권유에도 문을 연 학원에는 학생들이 모여 들었다.

이원우

디자이너. 일러스트레이터. 오랫동안 편집 디자인을 해 오면서 그림을
그리기 시작했고 지금은 디자인과 일러스트레이션을 병행하고 있다.
『우리끼리면 뭐 어때』를 비롯해 많은 책에 그림이 실렸다.

4월 15일, 이승만 대통령은 마산에서의 시위가
"공산주의자들에 의해 조종된 것"이라고 발표했다.

등교 개학이 연기되고 있는 가운데, 고3 학생들의 학사
일정에 많은 걱정이 쏟아지고 있었다.

4월 18일, 시위 후 돌아가던 학생들을 자유당의 사주를
받은 깡패들이 습격하여 수십 명이 중상을 입는다.

선거 기간, 한 국회 의원 후보는 세월호 참사로 가족을 잃은
사람들을 두고 입에 담기 어려운 막말을 쏟아 냈다.

4월 19일, 약 3만 명의 학생들이 거리로 나왔고 그중
수천 명이 경무대로 몰려가 부정 선거를 규탄했다.

21대 총선 투표율은 66.2%로 1992년 14대 총선거
이후 28년 만에 가장 높은 투표율을 기록했다.

시위대를 향한 경찰의 발포로 고등학생 36명, 초등학
생과 중학생 19명, 대학생 22명이 사망했다.

이날 18세 유권자 투표율은 67.4%로 20대(58.7%),
30대(57.1%), 40대(63.5%)보다도 높았다. 📖

어렵다. 잡히지도, 만져지지도 않는 민주주의란 녀석
국민들을 민주 시민으로 거듭나게 하기 위해 노력해 오신
장은주 교수님을 만났다. 어려운 것을 명쾌하게 정리해 주신
교수님! 필기하면서 들어도 아깝지 않을 주옥같은 인터뷰를
만나 보자.

✦ 장은주 교수
여러 기관에서 민주 시민 교육을 위해 노력하고 있다.
『시민 교육이 희망이다: 한국 민주 시민교 육의 철학
과 실천 모델』 등을 펴냈다.

✍ 학생 기자 정혜원

장은주 교수님 인터뷰

민주주의,
우리는 얼마나 알고 있을까?

Q. 교수님 소개를 부탁드립니다. 민주 시민 교육을 연구하신다고
알고 있는데 제가 이해하기에는 좀 어렵더라고요.

A. 반갑습니다. 저는 영산 대학교에서 철학을 가르치고 있는
장은주라고 합니다. 제 전공은 철학 중에서도 사회 철학, 정치
철학 분야예요. 어떻게 하면 우리나라에서 민주 시민들을 길러
낼 수 있을지를 연구하고 고민하면서 이런저런 글도 쓰고 책도
쓰고 있어요.

인권, 참정권, 선거권, 투표권! 수많은 권리, 알고서 누려 보자

Q. 권력은 국민의 동의를 얻어야 정당성을 가질 수 있다고
배웠어요. 그렇다고 국민 전체가 동의하는 경우는 없을 텐데
어느 정도의 국민이 동의할 때 정당성이 생기나요?

A. 민주주의는 모두가 참여해서 모두가 동의할 수 있는 결론을
이끌어 내는 걸 목적으로 해요. 그러나 그게 실제로는 쉽지
않겠지요? 그래서 우리가 도입하는 게 투표 같은 일정한 의사
결정 절차이고, 많은 경우 '다수결 원칙'에 따라 사안에 대한
결론을 내는 거예요.
하지만 다수결 그 자체가 민주주의 원칙은 아니에요.
다수결이라도 소수의 존엄성을 짓밟지 못하도록 해야 하고,
소수라도 언제든지 자유롭게 말하고 다른 사람을 설득해서
언젠가는 다수가 될 수 있는 가능성을 보장해야
그 소수도 민주주의 원리를 신뢰할 수 있겠지요.

Q. 인권, 시민권, 참정권, 투표권 등 무슨 권리가 이렇게 많나요?
그 권리들의 관계는 서로 어떻게 되나요?

A. 권리란 '너무나 정당해서 다수의 힘으로도 함부로 무시하거나
침해해서는 안 되는 어떤 주장이나 요구' 정도로 이해할
수 있어요. 민주주의는 그런 종류의 권리를 '헌법'을 통해
보장하는데, 그렇게 보장된 권리를 우리는 '기본권'이라고
불러요. 기본권 중에 정치적 참여와 관련된 권리가 투표권과
참정권이고, 또 그런 권리들을 포함하여 그것을 위해 필요한
사상과 양심의 자유, 결사의 자유, 법적 보호의 권리 등을
아울러 흔히 '자유권적 기본권' 또는 '시민권(civil rights)'
이라고 하지요. 영어의 citizenship을 번역한 '시민권'이라는
개념도 있는데, 이는 특정한 국가에서 누리는 시민의 자격과
그에 따라 누리는 권리를 나타내지요.
'인권'은 기본권과 겹치지만, 특정한 국가의 국민만이
아니라 사람이라면 누구나 다 누려야 마땅하다고 세계의
대부분의 나라들이 함께 인정하고 그 보호를 선언한 보편적
권리들이라고 할 수 있어요. 이 인권의 근거는 개별 국가의
헌법이 아니라 유엔에서 채택한 '세계 인권 선언'이지요.

Q. 재외국민은 왜 투표권이 있나요? 우리나라 정치에 관심이
없을 수도 있잖아요? 해외에 투표소가 설치되지 않아 투표를
못 했다고 하소연하는 교민들도 있던데 국가가 해외에 있는
사람들에게까지 투표권을 주는 이유는 무엇일까요?

A. 민주주의는 투표를 통해서만 실현될 수 있어요. 오늘날에는
기본적으로 개별 국가 단위로 정치적 의사 결정이 이루어지다
보니 그 국가의 구성원은 누구나 예외 없이, 일시적으로 외국에
있더라도, 투표와 선거에 참여할 수 있도록 보장해야만 되는
거지요. 물론 아예 국적을 포기한 사람에게까지 투표권을
보장할 필요는 없겠지요?

위: 한국에 거주하는 카자흐스탄 국민들이 본국의 대통령 선거에 참여하기 위해 주한 카자스흐탄 대사관에서 순서를 기다리고 있다.
옆: 이란에 있는 한국인들이 한국에서 열리는 선거에 참여할 수 있도록 이란 한국 대사관에 마련된 투표소

18세 선거권, 16세는 왜 안 될까?

Q. 2020년을 계기로 우리나라도 만 18세 선거권의 시대가
열렸는데요, 만약 유권자의 나이가 만 16세로 더 낮아진다면
우리 사회에 어떤 변화를 가져올까요? 그리고 이런 방향이
바람직하다고 생각하시나요?

A. 어떤 사안과 관련해서는 투표할 수 있는 연령을 더 낮추는
것도 필요해요. 예를 들어 교육감 선거라면 교육감의 결정에
큰 영향을 받는 학생들 중 성숙됨을 인정받을 수 있는, 즉 만
16세 정도가 되는 학생들은 선거에 참여해도 괜찮다고 봐요.
'자신의 삶에 영향을 끼치는 일을 결정하는 데 함께 참여해야
한다.'라는 민주주의 원칙에 부합하니까요.
이런 식의 투표 연령 하향이 정치적으로 어떤 의미가 있는지는
아직 충분히 검토되지 않았어요. 그렇지만 앞으로는 정당들이
청년 세대는 물론 청소년들의 이해관계나 관심사(예를 들어
입시 문제, 군복무 문제 등)가 더 잘 배려되고 반영되는 방향으로
정책을 만들고 실천하게 되리라는 기대를 가질 수 있어요.

Q. 만 18세로 선거권을 낮추면서 고등학교 교실이 정치적 논쟁에
휩싸이게 될 위험이 있다는 우려를 하는 사람들도 있던데
어떻게 생각하세요?

A. 많은 사회 문제들은 정치적으로 '만' 해결될 수 있어요. 그리고
단지 직업 정치인들 몇몇만이 아니라 많은 시민들이 정치에
관심을 갖고 참여할 수 있을 때에만 더 좋은 해결책을 찾을
수 있게 될 거예요. 그런 만큼 학생들에게도 정치적 사안에
관심을 갖고 토론하며 정치에 참여할 수 있는 역량을 기르는
일이 권장되어야지 회피되어서는 안 되겠죠? 학생이기 때문에
기성세대보다 정치적 문제를 훨씬 더 잘 합리적으로 다룰 수도
있어요.

Q. 또 이런 이야기를 하시는 분들도 있어요! 학교 선생님들께서
정치적 편향성을 가르칠 위험이 있을 거라고 하시더라고요?
어떻게 생각하세요?

A. 그래서 일정한 교육적 원칙이 필요해요. 많은 나라에서는
학교에서 정치적 문제를 다룰 때는 '학문과 정치에서
논쟁거리가 되는 사안들이 있다면 그것들을 학교에서도
논쟁적으로 다루어야 한다.'라는 '논쟁성 원칙'을 따르도록
하고 있어요. 이런 원칙에 따르면 교사가 일방적으로 특정한
정치적 견해를 학생들에게 주입할지도 모른다는 걱정을 안
해도 되겠지요? 사안에 대한 다양한 견해들이 있을 수 있음을
소개하고, 학생들이 그 견해들을 비판적으로 따져 보게 한
다음, 궁극적으로는 학생들 스스로가 그런 사안에 대해
독자적으로 판단할 수 있게끔 교육을 한다면 그런 정치적
편향성에 대한 우려는 하지 않을 수 있겠죠?

좋아 보이는 데 시행되지 않는 정책들 그리고 국회 의원

Q. 의무 투표제를 실시하면 투표율이 높아져서 국민들의
목소리가 선거에 더 잘 반영되지 않을까요? 우리나라는 왜
의무 투표제를 시행하지 않을까요?

A. 호주 등에서는 투표를 하지 않으면 벌금을 매기는 식으로 의무
투표제를 도입하기도 했지만, 우리나라를 포함한 대부분의
나라들에서는 투표 의무를 부과하지는 않고 있어요. 투표에
참여하고 말고는 모든 시민 개인의 자유이자 권리라는 인식
때문이죠. 그리고 때로는 투표에 참가하지 않는 것도 정치적
의사 표현이라고 여길 수도 있어요.

Q. 국회 의원들은 큰 잘못을 저질러도 자리에서 물러났다는
이야기를 못 들어 본 거 같아요. 국민의 대표인데 더 책임 있게
일해야 되지 않나요? 그러기 위해 우리나라도 국민 소환제가
도입되어야 하지 않을까요?

A. 그럼요. 국민 소환제가 꼭 필요하지요. 하지만 신중해야 하는
것도 사실이에요. 일정 기간에 한 번씩 하는 선거는 그 자체가
정치를 못하는 정치인에 대한 제재나 응징의 기회를 보장하는
성격도 갖고 있는데, 소환의 문턱을 너무 낮추어 버리면 정치적
혼란이 올 수 있어요. 너무 자주 선거를 하는 셈이 되니깐요.
아주 중요하고 심각한 사안에 대해서만, 그리고 엄격한 요건이
적용될 때에만 소환되도록 해야 할 거예요.

Q. 우리나라 정당들은 왜 자꾸 이름을 바꾸는 걸까요? 영국에는 보수당과 노동당이, 미국에서는 민주당과 공화당의 역사가 깊던데 우리나라 정당들은 이름을 자주 바꾸니 뭔가 정통성이 떨어져 보이고 너무 많이 헷갈려요.

A. 우리나라는 서구를 모방하며 민주주의가 발전하다 보니 몇몇 명망가들이 권력을 획득할 요량으로 정당을 만들어 왔어요. 그래서 선거 때마다 정당이 급하게 만들어지고 당명을 바꾸는 따위의 일이 반복되어 왔지요. 유권자들도 이념이나 정책보다는 인물을 선호하고, 정치인들도 당선 가능성에 따라 당을 만들고 해산하는 일을 자주 하다 보니 그렇게 된 거죠. 선거에서 패배한 정당들이 새로운 이미지를 만들어 보겠다고 당명을 바꾸는 일도 잦고요. 기대컨대 앞으로 우리나라도 민주주의가 좀 더 정착되고 성숙해지면 그런 일들은 줄어들지 않을까 해요.

Q. 무소속이나 소수 정당 후보자가 마음에 들더라도 당선되지 않을 것 같다면 차라리 뽑지 않는 게 나을까요? 아니면 소신껏 그 사람에게 투표해야 할까요? 떨어질 것 같은 사람에게 투표하는 건 어떤 의미가 있을까요?

A. 민주주의에서 정당 정치는 중요하지요. 정당을 통해 일정한 이념과 노선 그리고 정책을 공유하는 사람들이 조직적이고 체계적으로 국정을 운영하고 민주주의를 실천할 수 있으니까요. 소수 정당의 역할도 아주 중요한데, 문제는 지금과 같은 지역구 중심의 단순 다수결 제도 아래에서는 소수 정당이 성장하기 쉽지 않다는 거지요. 그래서 이런 소수 정당을 키우기 위해 약소 후보라도 그 지향에 공감해서 소신 투표를 할 수도 있지만 그런 투표가 현실적으로 좋은 결과를 낳지 못하는 건 부정하기 힘든 객관적 사실이에요. 제도적 보완이 필요하지만, 지금의 제도 아래 이익을 보고 있는 기성 정당들이 쉽게 제도를 바꾸려 하지 않을 것이므로 참으로 난감한 상황이기는 해요.💼

나를 옹호하는 첫 공직 선거 투표,
어떻게 세계를 변화시키는가

공직 선거 투표에 관해
궁금한 n가지

우승연
2002년부터 자유 기고가로 활동하며 다양한 매체에 글을 싣고 있다.
펴낸 책으로 『홈, 프라이드 홈』이 있다.

늦봄 평일 오후, 다섯 명의 청소년이 국회 의원 회관 내 나초심 의원실을 방문했다. 초선 비례 대표 나 의원실을 찾은 건 지난달 SNS에 공지된 간담회 홍보 문구 "나를 옹호하는 첫 공직 선거 투표, 어떻게 세계를 변화시키는가" 때문이었다. 교내 퀴어 동아리 구성원으로 인권에 관심을 가진 '다양성', 졸업 후 취업을 고민하는 특성화 고등학교 졸업반 '한도전', 수시와 정시 사이를 고민하는 '필효율', 학교 밖 청소년으로 1년을 지내고 대안 학교에 진학한 '강모험', 아이돌 덕질에 하루 24시간

이 모자란 '진판심'을 끌어당긴 옹호와 기여 그리고 변화. 다섯 청소년이 자발적으로 참여한 이 시간에 기대하는 건 하나였다. 누군가를 뽑는 것이 어째서 자신과 세계를 위한 일인지, 말을 넘어선 구체적인 사례가 필요했다. 시시콜콜 사소하지만 그래서 권리와 의무의 본질과 한계를 생각하는 시간, 초선 비례 대표 나초심 의원과 다섯 청소년의 간담회 "공직 선거 투표에 관해 궁금한 n가지"에 함께했다.

등장인물

나초심 비례 대표로 당선되어 초선 임기를 보내고 있는 국회 의원

다양성 교내 퀴어 동아리 구성원으로 인권에 관심을 가진 고등학교 1학년

한도전 졸업 후 취업을 고민하는 특성화 고등학교 졸업반

필효율 수시와 정시 사이를 고민하는 고등학교 2학년

강모험 학교 밖 청소년으로 1년을 지내고 대안학교에 진학

진판심 아이돌 덕질에 하루 24시간이 모자란 열혈 팬

욕망의 대리 만족과 나를 대리하는 것의 차이

나초심 먼저 만 18세 공직 선거 투표권 획득을 축하합니다. 예비 유권자가 된 기분이 어떤가요?

다양성 당연한 권리라고 생각하지만 워낙 찬반 논쟁이 뜨거운 이슈였잖아요. 그래서 첨엔 뭔가 막 성취한 것 같고 되게 좋았어요. 그런데 시간이 지날수록 어려워요. 잘하는 게 뭔지 모르지만 허투루 하고 싶지는 않은데 투표를 생각하면 머릿속이 복잡해요.

한도전 저는 다양성같이 무언가를 성취했다 뭐 이렇진 않았어요. 별로 관심 없었죠. 단지 권리가 주어졌으니 제대로 한 표를 행사하고 싶은 정도. 근데 이것저것 정보를 찾아볼수록 어느 정당의 어떤 사람을 찍어야 할지 잘 모르겠더라고요.

나초심 쉽지 않죠, 누구를 찍어야 할지. 그러려면 일단 누가 나오는지 알아야 하고 공약도 살펴봐야 하는데 생각보다 까다롭고 신중한 작업이기도 해요. 필효율 학생은 어때요?

필효율 저는 주민 등록증 발급받을 때랑 비슷한 느낌이에요. 그냥 별 고민 없이 부모님이 원하는 정당과 후보를 찍으려고요. 부모님을 위한 게 제게 이로운 선택이라고 생각해요.

강모험 지난해 사정이 있어서 학교를 쉬었고 그러면서 가족이나 친구들과 다르게 살게 되더라고요. 효율이와 달리 부모님과 의견이 맞지 않아 따를 수도 없고. 다행스러운 건 시간이 많이 나서 전

혀 관심도 없던 시사나 정치 뉴스를 많이 보게 됐는데 그게 재밌었어요. 그때 투표권 얘기가 한창이었는데 문득 투표하면 뭔가를 바꿀 수 있나, 학교 밖 청소년으로 지내며 힘들었던 것을 해결하게 될까 그런 기대를 하게 됐어요.

진판심 투표는 제게 아주 익숙하거든요. 가요 프로그램이나 오디션 프로그램에서 좋아하는 아이돌이 1등하라고 투표하고 홍보하고 그랬으니까. 답답하고 힘든 거 해결하는 뭐 그런 거 없고, 내 최애가 한 번이라도 더 무대 설 수 있게 힘 보태는 거예요. 흠, 어쩌면 공직 선거 투표도 비슷하지 않을까요. 뭔가 바꾼다거나 그런 바람은 딱히 없어요. 마음에 드는 후보 골라서 투표하면 되겠죠.

나초심 다들 생각이 다양하네요. 서로 다른 상황과 입장에 맞춤한 정당과 후보를 찾는 게 만만치 않죠. 여러분이 고민하는 건 내가 찍은 저 사람이 내게 이로운 사람인가, 내가 좋아할 만한 사람인가 알 수 없기 때문이겠죠? 판심이가 말한 아이돌은 재능을 보여 주고 그걸 무대에서 펼치겠다고 하니까 응원하면서 어떤 대리 만족을 얻기도 하는데 공직 선거 후보들은 대부분 잘 모르는 사람일 경우가 많죠.

진판심 의원님 이야기 들으면서 궁금해졌어요. 노래, 춤, 외모, 성격 같은 조건이 맞아야 아이돌이 되잖아요. 그건 눈으로 확인할 수 있어요. 공직 선거 후보들은 어떤 조건을 갖춘 사람인거죠? 유권자는 그걸 어떻게 확인하나요?

나초심 후보의 요건, 어떨 것 같나요?

필효율 학력*이요.

> * 2020년 제21대 국회 의원 선거 후보 최종 학력 비율을 예로 들면, 대졸이 993명으로 89%를 차지했고, 나머지 11%는 고졸 56명, 중졸 8명, 초졸 3명, 미기재 58명으로 구성됐다.

다양성 연령? 범죄 이력**?

> ** 일례로 2014년 지방 선거에선 기초 단체장 후보 중 41%가 전과 기록이 있었고, 세금 체납 기록 후보자도 13%였다. 2020년 제21대 국회 의원 선거 또한 전체 후보의 37%인 419명이 전과 기록을 가지고 있다. 민주화 운동과 노동 운동으로 인한 전과는 물론 윤락 행위 등 방지법 위반, 폭력 행위 등 처벌에 관한 법률 위반, 도로 교통법 위반(음주 운전), 전자 금융 거래법 위반 후보자도 등록했다.

한도전 선거를 치르려면 어느 정도 돈이 있어야 되지 않을까요?

강모험 아무래도 소속이 있어야겠죠, 그 사람을 인증해 주는?

진판심 지지해 줄 누군가? 함께 뛰어 줄 사람들이요. 선거 운동할 사람들이 있어야 할 텐데…….

나초심 하하, 판심 학생은 확실히 선거 운동 실전에 최적화된 유권자 같은데요. 여러분 말이 맞기도 하고 틀리기도 한데, 일단 학력과 범죄 이력, 재산 규모, 소속은 후보자 요건이 아니에요. 법에 명시된 단어로 바꿔서 설명해 볼게요. 후보자가 될 권리를 '피선거권'이라고 하는데 헌법 제25조에 의하면 모든 국민은 법률에 따라 공무 담임권, 즉 공무원이 되어 공무를 수행할 권리가 보장돼 있어요. 한국 국민의 피선거권은 공직 선거법 제16조에 의해 규정돼 있고, 국적과 연령, 주소지가 피선거권자의 요건이에요. 대한민국의 국민이어야 하고, 각 선거별로 대통령은 만 40세, 국회 의원과 지방 자치 단체장, 지방 의회 의원은 만 25세 이상이어야 입후보할 수 있습니다. 더불어 지방 의회 의원과 지방 자치 단체장 선거에는 주소 요건을 두고 있고요.

필효율 어쩐지 수업 시간에 배운 국가의 3요소인 국민, 주권, 영토가 떠오르네요. 국민이기만 하면 가능하다는 말처럼 들려요. 정말 누구나 가능한 거예요?

나초심 맞아요. 예를 들어 아까 얘기했듯 아이돌의 여러 재능은 그를 돋보이게 하고 그 재능을 알아보거나 그에 동조하는 이들에게 기꺼이 응원하는 근거가 되잖아요. 그를 위한 투표는 창작물을 소비하는 것을 넘어선 관계와 소속감까지 아우르는 일종의 함께하는 행위이자, 진심 어린 노력의 결실, 행운의 주인공 등 자신이 이루고픈 욕망이나 욕구의 대리 만족에 가까울 수도 있어요. 그래서 '그' 아이돌이 중요하죠, '그' 재능도. 물론 그것도 '나'를 위한 주체적인 실천일 수 있죠. 하지만 좀 더 능동적이고 직접적이면서 실질적으로 내 삶, 내 공동체에 영향을 미치는 행위가 공직 선거 투표예요.

다양성 그래서 간담회 문구에 '투표가 나를 옹호하고 세계를 변화시킬 수 있다'라는 내용이 담긴 건가요?

한도전 그럼 공직 선거 투표의 주인공은 '나'인 거네요?

나초심 네. 다른 국가는 모르겠지만, 우리나라는 민주주의 국가이고 국민에게 주권이 있으며 투표를 통해 대의제를 실행하니 나를 대표하는 후보를 뽑는 게 투표의 본질이겠죠. 나 혹은 우리 집단과 가장 닮은 사람, 반드시 똑같진 않아도 나를 잘 알고 대변할 누군가를 찾는 과정이에요. 수많은 '나'를 대변할 수 있도록 가장 필요한 조건만 법으로 정해 둔 거고요.

강모험 고향이 어디이고 어느 학교 나왔고 어떤 일을 하는지 흔히 이야기하는 학연, 지연 등의 공통점을 얘기하는 건가요?

나초심 처음에 모험이가 말한 것처럼 가족이나 친구도 접점이 없는데 학연, 지연이 얼마나 자신과 닮아 있겠어요. 1차원적 지표가 아닌 정보들이 필요한데 그걸 알려 줄 만한 것이 공보물*과 선거 공약**일 거예요.

* 선거 관리 위원회가 정당이나 후보자에게 받아 선거 운동에 사용하도록 배포하는 문서이다. 후보자 정보 공개 자료가 의무적으로 실리는데 후보자의 이름과 사진, 전과 기록, 등록 재산, 세금 납부 혹은 체납 증명, 병역 사항, 정규 학력 등이 실린다. 이때 재산 공개는 배우자 및 직계 존·비속의 각 재산 총액이다. 소속 정당과 경력, 소속 정당의 정책 등도 함께 담긴다.

** 정당이나 후보자가 선거 유세에서 하는 약속이다. 선출 후 임기 내에 실천하려는 정책으로 선거 운동 과정에서 정책 목표, 정책 수단, 세부 계획까지 준비해 제시한다. 법적 제재 방법이 없어 남발되는 경우를 우려해 매니페스토를 도입했다.

후보자와 유권자가
함께 책임질 약속

진판심 선거 운동 기간에 배송되는 홍보 책자가 공보물인 거죠? 거기에 적힌 게 공약이겠네요.

나초심 그렇죠. 선거 기간 동안 정치와 경제와 대북, 사회 문제 등에서 불거지는 쟁점에 대해 각 후보자 간의 차이를 볼 수 있기 때문에 합리적 선택을 가능하게 하는 자료가 돼요.

다양성 당선 전 하는 약속은 당선 후에 지켜지지 않는 경우가 많다던데요? 그 사람을 알려면 그의 과거를 보라는 말이 있는데 무슨 일을 해 왔나보다 기약 없는 공약이 의미가 있을까요?

한도전 의석수가 많은 당도 그렇지만 얼마 안 되는 소수 정당이 내건 공약을 볼 때 과연 지켜질까 싶던데요. 그냥 표를 얻기 위한 무리수 같고.

나초심 흔히들 포퓰리즘이라고 하죠. 사실 포퓰리즘은 엘리트를 위한 정치가 아닌 "보통 사람들의 요구와 바람을 대변하려는 정치사상과 활동"인데 우리나라에선 현실성이나 가치 판단 같은 걸 외면하고 대중적 인기에 영합해 목적을 달성하려는 정치 형태로 생각하죠. 어떻게 보면 대중과 가까운 정책일 수도 있어요. 보수 우파, 진보 좌파 대립 구도인 우리 정치에서 가장 뜨거운 포퓰리즘 논쟁이 무상 급식이었던 걸 생각하면 포퓰리즘이 좀 다르게 보이지 않나요?

진판심 어렵네요. 어떤 공약은 나쁜 의도가 아니지만 거짓말이 되기도 하겠어요. 지켜지지 않는 약속이 나쁠까요, 뻔하고 지루한 약속이 나쁠까요?

강모험 저라면 그냥 속는 셈 치고 뭔가 변화를 가져올 만한 쪽에 투표해 보겠어요, 도박 같지만.

나초심 그래서 매니페스토*가 필요한 거예요. 후보들이 당선되기 위해 유권자를 현혹시키는 선거 공약을 남발하는 것을 막기 위해 시작된 매니페스토 운동은, 정당 혹은 후보자들이 추진하려는 정책의 구체적인 목표, 실시 기한, 이행 방법, 재원 조달 방안, 공약 간의 추진 우선순위를 명시해야 돼요. 얼마나 구체적인지, 측정할 순 있는지, 달성 가능한지, 달성하려면 어떤 수순을 밟아야 하는지를 가늠한 후 투표한다면 속아서 투표했다고 자조할 일은 없겠죠. 최선의 결과를 거머쥘 수 있도록 노력하는 과정이라고 생각해요.

> * 매니페스토는 후보자가 당선되면 실천하겠다고 공약하는 구체적인 정책 서약서이다. 매니페스토는 라틴어로 '증거' 또는 '증거물'이라는 어원을 가지는데 1834년 영국 보수당 당수인 로버트 필이 구체적인 공약의 필요성을 강조하며 처음으로 시작되었다. 그 후 1997년 영국 노동당의 토니 블레어가 '노동당과 국민과의 계약'이란 10대 비전을 발표하면서 이것을 실현하기 위한 구체적인 방안인 매니페스토를 제시하여 집권에 성공, 매니페스토가 세상에 널리 알려지게 됐다. 우리나라에서는 2006년 제4회 전국 동시 지방선거에서 처음 도입되었다.

필효율 내가 선택한 후보가 당선된다면 그가 공약을 지키도록 계속 감시하는 거군요. 유권자도 약속을 믿은 책임을 함께 짊어지는 거네요.

나초심 맞아요. 매니페스토의 실천은 당선된 후보자에게만 달려 있지 않아요. 유권자가 약속이 잘 지켜지는지 확인하고 평가한 결과를 다음 선거에 반영할 때 매니페스토가 실천되었다고 말할 수 있어요.

표절인 듯 표절 아닌 선거 슬로건과 선거 로고 송

다양성　매니페스토가 실천된 공약, 기대되네요. 함께 만들어 간다는 게 설레기도 하고요.

강모험　의원님 이야기를 들으면서 어느 TV 프로그램에서 본 선거 슬로건이 생각났어요. "못 살겠다. 갈아 보자."였어요. 한 번 들으니 귀에 박혀서 잊히지 않던데요.

나초심　와, 그걸 어떻게 알았어요? 1956년 실시된 제3대 대선 선거 운동 기간 중에 돌아가신 신익희 후보의 슬로건이었죠. 하긴 그보다 강렬한 슬로건은 나도 보지 못한 것 같네요.

다양성　어떤 마음이었는지 알 것 같아요. 저는 2008년 버락 오바마가 대통령 후보로 출마했을 때 들고 나온 'CHANGE'가 인상적이었거든요. 정체되기는커녕 퇴행하는 것 같은 사람들이 바뀌었으면 좋겠다고 간절히 바라서였겠죠. 그러고 보니 모험이가 말한 것과 다르지 않네요. 과거에 순응하는 현재에 머무르지 않게 하는 것이 슬로건이 가진 힘인가 봐요.

나초심　나쁜 의미가 아닌 선동이죠, 슬로건은. 간혹 슬로건으로 싸우기도 합니다. 말이 가진 힘으로 진검승부를 펼치는 거죠. 1956년 당시 변화를 원하는 또 다른 야당에선 "갈지 못하면 살 수

없다."고 외쳤고, 여당은 "갈아 봤자 별수 없다."고 되받아치기도 했어요.

필효율　그런 건 표절에 걸리지 않나요? 먼저 선점하긴 했으나 그 토대 위에서 자기들의 색깔을 드러내는 거잖아요. 무임승차 같은데요?

나초심　2018년인가, 슬로건 때문에 시끄러웠던 적이 있어요. "나라를 통째로 넘기시겠습니까?"라는 슬로건을 들고 나온 자유 한국당이 민주 평화당 지역 국회 의원 후보의 슬로건 "무안을 통째로 살리겠습니다."를 보고 발끈한 거죠. 그런데 이게 뭐 표절이 되겠습니까. 효율이는 무임승차라고 했지만 선거 슬로건이란 게 해당 선거의 핵심 전략을 모두 집약해 함축적으로 표현한 문장이잖아요. 만약 공약과 문장, 어조까지 똑같다면 이의를 제기할 만하지만 그 외의 것은 별 문제 없다고 생각해요. 상대의 슬로건에 맞서려면 비슷한 구조의 슬로건을 쓸 수도 있겠죠. '갈아 보자.'처럼요.

진판심　그럼 로고 송은 어떻게 만드는 건가요?

나초심　한국 음악 저작권 협회(한음저협)가 후보들에게 접수를 받아요. 저작권법 제46조(저작물의 이용 허락)에 의거해, 원저작자인 작사, 작곡자의 허락이 있어야 선거 로고 송으로 사용할 수 있죠. 주로 사용되는 장르는 다양한 연령층에게 익숙한 트로트예요. 아마도 그 시절의 분위기, 선거 슬로건에 따라 곡 선정도 달라지겠죠. 비용도 선거마다 다릅니다. 기초 단체장부터 대통령 선거까지 최소 25만 원 선에서 최대 200만 원까지 협회에 비용을 지불해요. 물론 저작자에게 지급하는 건 따로고요.

다양성　선거 비용이 만만치 않겠는데요. 찾아보니 명함과 선거 벽보, 공보물 같은 인쇄물을 이용한 선거 운동, 현수막, 어깨띠, 자동차 확성 장치 등 시설물을 이용하는 선거 운동, 인터넷이나 전화를 이용한 선거 운동 등을 진행하는 인력과 사무실까지……. 다양한 선거 운동을 전방위로 펼치던데 어떻게 자금을 마련하나요? 워낙 돈이 많은 사람들이 하는 건가요, 의원님은 어떠셨어요?

나초심　다행히 저는 비례 대표여서 당 차원에서 움직였죠. 만약 개인이 출마했다면 다양성 말처럼 만만치 않아요. 선거 비용은 정치 자금에 포함되는데 이것을 해결하는 여러 방법 중 하나가 정치 후원금이에요. 정치 후원금에는 중앙 선거 관리 위원회가 모금해 각 정당에 배분하고 정치 자금법 규정에 따라 운용되는 기탁금, 정치인을 후원하는 개인이 정치 자금법에 따라 선거 관리 위원회에 등록된 후원회*에 기부하는 후원금**이 있어요.

> *　정치 자금의 기부를 목적으로 설립·운영되는 단체로서 관할 선거구 선관위에 등록된 단체이다. 모금하여 해당 후원회의 지정권자인 예비 후보자나 후보자에게 정치 자금을 기부하는 역할을 한다.

> **　후원금은 1년에 2,000만 원을 초과할 수 없으며 하나의 후원회에 기부할 수 있는 연간 후원금은 대통령 선거 후보자나 예비 후보자, 대통령 선거 경선 후보자의 후원회인 경우 각 1천만 원, 국회 의원이나 국회 의원 선거 후보자, 당 대표 경선 후보자, 지방 자치 단체장 후보자의 후원회는 각 500만 원으로 제한돼 있다. 1회 10만 원 이하, 연간 120만 원 이하의 후원금은 익명으로도 기부할 수 있다. 이 경우 조세 특례 제한법에 따라 10만 원까지 전액 세액을 공제받는다. 모금·기부 한도액은 1억 5,000만 원이다.

한도전　돈을 잃고 명예를 얻느냐, 돈도 명예도 모두 잃느냐 군요. 엄청난 도박 같다는 생각이 드는데요.

나초심　정치는 모험과 도전일 순 있어도 도박이면 안 되겠죠. 그래서 선거 비용을 보전하는 제도가 있어요. 정당 또는 후보자가 지출한 선거 비용의 전액을 보전받는 경우와 후보자가 지출한 선거 비용의 50%를 보전받는 경우로 나뉘어 있어요. 전자는 후보자가 당선 혹은 사망하거나, 후보자의 득표수가 유효 투표 총수의 15% 이상인 경우, 후자는 후보자의 득표수가 유효 투표 총수의 10% 이상 15% 미만인 경우예요.

어쩌면 내 한 표가 바꿀 세상을 응원하다

필효율　이쯤 되면 궁금해지네요. 이 불확실할뿐더러 비용이 많이 드는 민주주의, 더군다나 투표 제도를 왜 고집할까요? 솔직히 제 권리라고는 해도 선거권 연령을 더 낮출수록 위험을 감수해야 하는 거 아닐까 회의적이기도 해요.

나초심　이해해요. 그렇게 생각할 수도 있어요. 윈스턴 처칠도 "민주주의는 최악의 정치 체제"라고 했으니까요. 물론 "지금까지 시도된 다른 통치 체제를 제외하면"이란 단서가 붙지만. 그래도 아직까지 다양한 사람들의 목소리를 드러내기에, 누군가를 배제하거나 소외시키지 않는 최선의 방법일 거예요. 물론 끊임없는 노력이 필요하겠지만요. 부족하고 더디 가서 답답하더라도 현재 우리가 발 딛고 선 모든 게 그 과정을 거쳤다는 것이 중요하다고 생각해요.

강모험 그 노력이 투표인가요? 공약을 살피고 매니페스토를 실천하는 건가요? 그러면 세상이 바뀌나요? 그렇다고 믿고 계신가요, 의원님은?

나초심 미국의 하버드 대학교 정치학 교수 스티븐 레비츠키와 대니얼 지블렛은 공저 『어떻게 민주주의는 무너지는가』에서 "어떤 지도자도 민주주의를 혼자서 살릴 수 없다. 민주주의는 우리 모두가 공유하는 시스템이다."라고 말해요. 어떤 한 사람, 1%의 재능과 운이 아닌 모두의 의지와 실천이 더 나은 세계를 만들 거라고 믿고 있어요. 단 1표로 세계는 어제와 달라질 거예요.* 그 방향이 무엇이건 간에 그 1표가 여러분 스스로를 옹호하는 오롯한 순간이기를 바랍니다. 응원합니다! 💼

> * 하루에 150만 배럴의 원유가 생산되고 석탄, 철광석, 천연가스 등 천연자원의 창고로 불리는 알래스카는 1867년 미국이 러시아에 720만 달러를 주고 매입한 땅이다. 매입 비준안은 상원에서 단 한 표 차이로 통과됐고, 이후 큰 경제적 이익을 안겨 준 알래스카는 미국의 49번째 주로 지정됐다.
> 미국의 공식어로 영어가 단독 지정된 것도 바로 1표 때문이었다. 1794년 당시 미국엔 독일계가 영국계보다 훨씬 많았는데 3,000여개의 연방 법률을 영어와 독일어로 반포하려는 하원의 표결은 찬성 41표, 반대 42표로 부결됐다. 영어는 미국의 국가 정체성에 큰 영향을 미쳤고 영어가 세계 공용어로 사용되고 있는 현재 위상을 거머쥐는 데도 한몫을 했다.

참고 자료

○ 『만 18세 대한민국 유권자가 되다!』, 중앙 선거 관리 위원회 선거 연수원, 2020.
○ 『민주주의 선거 교실』, 중앙 선거 관리 위원회 선거 연수원, 2017.
○ 『실전 선거법 A to Z』, 법무법인 한결, 매일경제신문사, 2020.
○ 다음 백과(https://100.daum.net)

칼럼

알고도 못한다?!

우리나라 청소년들의
시민 의식 실태 엿보기

청소년들의 시민 의식과 청소년에게 어떤 정책을 펴면 좋을지
연구하는 분의 글을 읽어 보자. 우리는 민주 시민 교육을 얼마나 잘
받고 있는지, 무엇을 보완하면 좋을지 생각해 보자.

장근영
심리학자, 한국 청소년 정책 연구원 선임 연구 위원.
저서로는 『시험 인간』, 『팝콘 심리학』, 『심리학 오디세이』 등이 있다.
각종 매체에 심리학과 대중문화에 대한 칼럼을 기고하며 게임과
영화, 그리고 청소년 심리에 대한 강연을 계속하고 있다.

민주주의는 자연법칙이 아니다

지금 우리가 시민 사회의 핵심 원칙으로 여기는 모든 개념은 원래 지구상 어디에도 없었다. 모두 인간이 스스로 만들어 낸 것이다. 즉, 민주주의나 시민 의식은 인간의 발명품이다. '천부 인권'이라는 말을 들어 본 학생도 있을 것이다. 신은 모든 인간에게 평등하게 권리를 주었다는 뜻이다. 우리는 이 개념들을 사회 구성의 원칙으로 삼고 있다. 게다가 이런 생각들이 우리 생활에 미치는 범위는 갈수록 넓어져 간다.

'기본 소득'을 생각해 보자. 모든 사람들에게 최소한의 소득을 보장하자는 것이다. 빈둥거리며 노는 사람에게도, 열심히 일하는 사람에게도, 돈이 없어 굶는 사람과 마찬가지로 돈이 차고 넘치는 사람에게도 얼마만큼의 돈을 똑같이 주자는 얘기다. 아무 대가도 없이 말이다. 이게 정당한가?

이런 문제를 자연의 원칙에서 보자면 답을 찾기 어려울 때가 많다. 민주주의의 원칙들은 세상 만물에서 공통적으로 나타나는 법칙이 아니기 때문이다. 민주주의는 오로지 인간이 인간을 위해서 발명해 낸 것이다. 그렇다면 왜 인간은 이런 이상한 원칙들을 만든 것일까? 얼핏 보기에는 그 원칙들이 우리에게 도움보다는 불편을 만들고, 불의를 더 키우거나, 갈등을 부추기는 것 같다. 그런데 왜 이런 원칙이 중요한 것일까?

민주주의는 우리가 더 인간답게, 잘 살기 위해 만든 원칙

간단히 말하자면 그런 개념들이 우리를 사람답게 만들어 주기 때문이다. 민주주의와 시민 사회는 인류가 긴 역사를 거쳐 오며 '인간이란 어떤 존재였으며 미래엔 어떤 존재여야 하는가?'라는 질문에 대해 얻은 대답이다. 그리고 인류가 함께 잘 살기 위해서 온갖 노력을 하며 창안하고 선택한, 최선의 공동체 운영 방식이다.

인간이 만들어 낸 발명품이기 때문에, 민주주의와 시민 사회의 원칙은 교육을 통해 배우고 나누는 것이 중요하다. 사회에 이미 이런 원칙이 든든히 뿌리 내리고 있다면 청소년들은 성장하는 가운데 저절로 이를 배울 수 있을 것이다. 하지만 지금처럼 세상이 빨리 변화하는 경우는 좀 다르다. 우선 국제화의 수준이 지금보다도

높아질 것이 분명하다. 다양한 국적과 인종과 종교와 문화가
뒤섞이면 전에 없던 갈등이 벌어지게 마련이다.

외부로부터의 변화만도 아니다. 이제 우리나라에서도 만 18세
국민에게 투표권이 부여되었다. 바람직한 변화이고, 다소 늦은 감이
있음에도 불구하고 걱정과 반대가 따른다. 게다가 시간이 갈수록
소외되었던 집단이나 계층 등에서도 더 나은 권리를 요구하며
목소리를 내게 될 것이다. 예전에 없던 사건들, 예전엔 겪을 필요
없던 위험들, 새로운 문제들을 접하게 된다는 뜻이기도 하다. 이런
문제는 결코 한 방에 해결되지 않는다. 계속 조율하고 조정하면서
적절히 타협하고 그때그때 유연하게 대응해야 하는 문제들이다.

끊임없이 벌어지는 갈등과 변동 속에서 사회를 안정되게
유지하는 방법은 결국 모두가 민주주의의 원칙을 이해하고 이를
바탕으로 행동하는 것이다. 그래서 빠르고 다양하게 변화하는 지금
이 시대에 여러분이 민주주의와 시민 사회에 대해 알아야 할 이유가
더욱 선명해지는 것이다.

IEA ICCS는 무엇일까? 그 결과는 어땠나?

OECD(경제 협력 개발 기구)에서는 세계 각국에서 민주주의와
시민 사회에 대해 어떻게 얼마나 교육하는지, 그리고 그 교육은
얼마나 효과가 있었는지를 살펴볼 필요가 있다고 판단했다. 그래서
ICCS(국제 시민성 및 시민 의식 교육 성취도 연구)를 진행했다. 이
조사는 IEA(국제 교육 성취도 평가 협의회)에서 담당하고 있다.
그래서 이 조사를 'IEA ICCS'라고 부른다. IEA ICCS는 각국의
중학교 2학년을 대상으로 해당 나라의 민주 시민 교육 성과를
측정한다. 조사하는 내용은 민주주의와 시민 사회의 원칙에 대한
지식, 태도, 행동이다.

먼저 지식 분야는 사회 시험과 비슷하다. 의사 결정에 참여하는
방법, 공동체에 참여하는 방법에 대한 지식을 묻는 것이다. 시민
지식을 측정하는 문제 하나를 예로 들어 보겠다. 다음은 난이도
레벨 B에 해당하는 꽤 수준 높은 문제다. ◆ 편집자 주: 레벨은 A~D로 이루어져 있으며
A가 가장 높다.

Q. 어떤 집단에서 리더를 뽑을 때, 자청해서 리더가
되려는 사람을 선택하기보다 투표를 통해 리더를
선출하는 것이 좋은 이유는 무엇인가?

① 투표 결과에 동의하지 못하는 경우 재투표를 할 수
   있어서
② 투표를 하는 것이 가장 신속한 방법이기 때문에
③ 리더 선택에 모든 구성원이 참여할 수 있기 때문에
④ 선출된 리더에 모든 구성원이 만족할 수 있기 때문에

아마 우리나라의 많은 학생들은 이 문제의 답을 쉽게 맞혔을
것이라고 생각한다. 답은 3번이다. 그런데 다른 나라 학생들에게는
이 문제가 상당히 어려웠나 보다. 실제로 2016년 ICCS 조사 결과,
시민 지식 영역에서는 우리나라 학생들이 매우 높은 점수를 받았다.
조사에 참여한 24개 국가 중에서 6위였다. 우리보다 시민 지식
점수가 높은 나라는 덴마크, 대만, 스웨덴, 핀란드, 노르웨이였다.
2016년 조사에서 한국 중학생들은 A 레벨 학생 비율에서도 6위를
차지했다.

문제는 참여 경험이나 태도다. 이 분야에서 한국은 2009년
조사에서부터 매우 낮은 수준을 나타냈다. 이유는 분명하다.
예를 들어, ICCS는 참여 영역에서 정당에 가입한 학생의 비율을
측정한다. 중학교 2학년이 정당에 가입을 한다는 건 한국에서는
상상도 할 수 없는 일이다. 정치 단체 가입률은 2016년에 5.7%로
조사 대상 국가 중에서 가장 낮다. 참여국 전체 평균이 2009년에는
9%였다가 2016년에는 10%로 높아졌음을 감안하면 그리 희망적인
수치는 아니라고 볼 수 있다. 사실, 우리 학생들이 가장 많이 하는
참여는 자원봉사다. 그러나 이마저도 36.5%로 간신히 ICCS 평균인
38%에 근접했다. 정치-사회 문제에 대한 캠페인 단체 가입 경험
역시 20.5%로 ICCS 평균인 26%보다는 낮다.

ICCS 결과에서 조사 대상국 중 우리나라 청소년들이 가장 낮은
점수를 보인 영역은 '신뢰'였다. 2016년 조사에서 정부를 믿는다고
답한 청소년들의 비율은 44.8%로 참여국 중 최하위인 크로아티아

다음으로 낮은 수준이다. 친구나 가족이 아닌 그냥 남들을 믿는다는
비율 역시 39.7%로 조사 대상 국가 중에서 가장 낮았다.

2016년 대한민국 청소년들의 ICCS 결과

시민 지식 — 24개국 중 **6위**

참여 경험(정치 단체 가입률) — 24개국 중 **24위**

태도(정부 신뢰도) — 24개국 중 **23위**

　　요약하자면, 우리나라 청소년들의 민주 시민 지식은 매우 높다.
하지만 정치적, 사회적 참여 경험은 매우 적고, 정부나 미디어,
남들에 대한 신뢰도는 매우 낮았다. 신뢰가 없으면 여러 가지
문제가 생긴다. 우선 생각이 다른 사람이나 단체, 정부와 협력하지
못한다. 남을 믿지 못하니 어떤 일을 함께할 수도 없지 않은가.
신뢰가 낮으면 사회 참여율 역시 낮을 것이다. 우리나라 청소년이
정치 단체에 참여하지 않는 이유는 사회적 분위기 때문에 위축
되거나 교칙 위반으로 처벌을 받을까 봐 두렵다는 이유도 있겠지만,
믿고 가입할 만한 단체가 많지 않기 때문일 수도 있는 것이다.
반대로 타인에 대한 높은 신뢰도를 보이며 서로 낯모르는 사람들과
함께 일해 보고 좋은 경험을 얻다 보면 저절로 사회에 대한 신뢰가
높아질 것이다. 이렇게 신뢰와 참여는 서로 연결되어 있다. 그런데
이 요소들이 우리나라 청소년들에겐 모두 부족한 것이다.

지식은 있으나 경험이 적은 우리나라 민주 시민 교육

왜 이런 상황이 되었을까? 이 상태에서 더 나아지려면 어떻게 해야 할까? 지금도 고민이 되는 질문들이다. 이 질문의 답을 찾는 것은 앞으로 우리 미래 사회가 얼마나 건강하게 번영할 수 있을지의 열쇠가 될 것이다.

대안은 역시 문제에서 찾을 수 있다. 우선 더욱 다양한 사회 참여, 정치 참여의 기회가 필요하다. 참여는 다른 사람과의 만남으로 이어진다. 실제로 누군가를 만나서 함께 일해 본 경험, 그 사람들과 진심으로 교류해 본 경험이 신뢰의 바탕이 된다.

봉사 활동도 좋은 참여의 기회다. 이미 다들 알고 있겠지만 점수를 채우기 위한 봉사 활동보다는 자기 주도형 봉사 활동이 더 효과적이다. 내가 사는 지역을 둘러보면서 우리 지역에 무엇이 부족하고 내 능력과 자원으로 가장 가성비 높은 봉사를 할 수 있는 곳이 어디인지를 찾아내고, 마음 맞는 친구들을 찾아서 함께 계획을 세우고 단계별로 그 계획을 실현시켜 가는 과정 하나하나가 나를 시험하는 도전이자 자신감과 타인에 대한 진정한 신뢰를 쌓을 수 있는 기회가 된다. 힘들겠지만 그만큼 얻는 것이 많다.

교내에서의 참여도 중요하다. 아직도 우리나라에서는 '민주주의＝투표' 정도로 가르치는 경향이 있다. 하지만 민주주의는 그 이상이어야 한다. 시민 사회는 스스로 생각하는 개인의 자발적 참여로 만들어진다. 학생들은 학교의 운영에 더 많이 참여할 수 있어야 한나. 그리고 그 참여의 책임 역시 함께 나누어야 한다. 학교 밖에서도 마찬가지다. 만 18세부터 투표권이 주어졌다는 것은 정치적인 참여도 가능해야 한다는 뜻이다. 학생은 정치를 알 만큼 성숙하지 못하다는 주장은 무시하자. 뭐든 제대로 해 봐야 배우고 성숙하는 것 아닌가. 그런 말 하는 어른들 중에 제대로 정치 참여하는 사람을 찾기 어렵다. 진짜 어른이라면 청소년 유권자를 존중할 줄 안다. 아직까지 청소년들의 참여 기회는 많지 않지만 '청소년 참여 위원회'✦ 같은 기회는 예전부터 있어 왔다. 많은 청소년들이 이를 알지 못하거나, 별로 기대가 없어서 참여하지 않았을 뿐이다. 앞으로는 이런 청소년 참여 기구의 무게도 달라질 것이다. 이제 청소년은 진짜 유권자이기 때문이다.🛍

✦ 한국 청소년 활동 진흥원에서는 '자기 주도형 봉사 활동 프로그램'과 '청소년 참여 위원회', '청소년 특별 회의' 등을 운영하고 있다. 자세한 내용은 청소년 참여 포털 'With Youth' (http://youth.go.kr/ywith)에서 확인할 수 있다.

코너 속 코너

생각 그물 만들기

'국제 학업 성취도 평가(PISA)'를 들어 본 적이 있나요? 시험의 이름은 생소해도 청소년 여러분의 수학 실력은 전 세계 학생과 견주어 볼 때 뛰어나지만, 수학에 대한 흥미는 낮다는 보도를 접한 학생들이 있을 거라고 생각해요. 앞서 읽은 글에서도 이와 비슷한 분위기를 알 수 있었죠? 여러분의 시민 의식 중에서 지식 분야는 뛰어나지만, 정당이나 봉사 단체에 직접 참여하는 비율은 낮다는 점이 비슷한 느낌이지 않나요? 하지만 직접 참여하지 않는 상황이 비단 우리 청소년만의 책임일까요? 여기 조금은 억울한 여러분을 위해 생각 그물을 만들어 보았습니다. 자유롭게 그물을 엮어 가며 나만의 생각을 정리해 보도록 합시다.

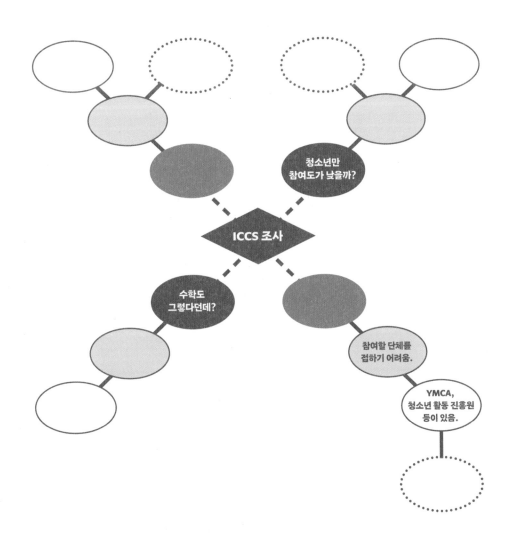

청소년 정치 참여를 허(許)하라!

2019년 12월 27일, 국내 정치사에 기념비적인 일이 일어났다. 그것은 바로 공직
선거법이 개정되어 선거 연령이 만 19세에서 만 18세로 낮아진 것. 그러나 아직도
10대들은 배가 고프다. 만 18세 미만의 청소년들도 정치에 참여할 수는 없을까?
정치에 참여해서는 안 되는 것일까? 외국의 청소년들도 이 땅의 청소년들처럼
정치에서 배제된 존재일까? 그들은 과연 정치에 참여하고 있을까?

글 편집부
그림 애슝

핀란드

청소년 정책은 청소년의 손으로

핀란드에서는 지방 자치 단체 산하에 청소년 위원회를 두고 있는데, 여기에는 학교별 대표가 참석할 수 있다. 이들은 정례적으로 모여 시에서 시행하는 청소년 관련 정책에 대해 심의하고 의견을 제시하며, 청소년 대표가 맡는 청소년 위원회 위원장은 시에서 가져오는 결재 문서에 서명까지 한다.

청소년이여, 마음껏 발의하라

핀란드는 지방과 국가 수준에서 시민 발의 제도를 운영하고 있다. 국가 수준의 시민 발의는 18세 이상의 유권자들이 참여할 수 있지만 지방 수준의 시민 발의 제도에는 15세 이상이면 누구나 참여할 수 있다. 이 경우 인구의 2%가 넘는 주민들이 지지하여 서명한 정책 제안이나 요구에 대해서는 6개월 이내에 지방 자치 단체가 공식적인 심의 결과를 회신해야 한다. 또 인구의 5% 이상의 주민들이 서명하는 경우에는 관련 제안을 주민 투표에 회부하도록 하고 있다. 주민 투표의 결과는 자문적 성격을 지니기 때문에 지방 자치 단체가 이를 무조건 수용할 의무는 없다. 그러나 다수의 주민들이 투표한 안은 민주적 압력으로 작용해 대개 지방 자치 단체의 최종 결정에 반영된다.

청년 조직 활동으로 배우는 정당 정치

정당 정치가 활발한 핀란드에서는 정당 내에 청소년들이 주축이 된 조직들이 활발히 활동하고 있다. 정당의 청년 조직은 15~19세 당원들로 이루어져 있는데, 이는 청소년들의 정당 활동을 보장하는 역할을 한다. 핀란드의 청소년들은 청년 조직 활동을 하며 어린 나이부터 실제 의회에서 자신의 의견을 말하고 정책이 어떻게 만들어져 가는지 배워 나간다.

미국

학교에서 대통령 선거를 하다

지난 2016년, 대선 기간 동안 미국의 초, 중, 고등학교에서는 모의 투표를 진행하였다. 학교와 교사는 학생들에게 다양한 정치적 의견을 내고 논쟁하게 하였다. 학생들에게 자신의 생각을 정리하고 논리적으로 표현하는 교육적 기회를 제공할 뿐만 아니라, 미래의 시민으로서 민주주의의 기본 권리를 배울 수 있도록 격려한 것이다.

청소년들이 정치에 보이는 넓은 스펙트럼

만 18세 선거권이 이미 자리 잡은 미국에서 청소년들은 정치에 대해 넓은 스펙트럼을 보여 준다. '정치는 고루하고 나와는 상관없는 것'이라고 말하는 청소년부터, 각종 정치적 이슈에 적극적으로 자신의 목소리를 내는 청소년까지 이들은 다양한 방식으로 정치에 관한 의견을 표현한다. 실제로 미국 청소년들은 명확한 정치적 지식과 성향을 가지고 투표에 임하고 있다.

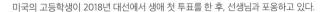

미국의 고등학생이 2018년 대선에서 생애 첫 투표를 한 후, 선생님과 포옹하고 있다.

영국

낮아지는 선거 연령

스코틀랜드의 경우 2014년 영연방으로부터 독립하고자 시행된 국민 투표를 앞두고 한시적으로 선거 연령을 16세로 허용하였다. 다음 해 스코틀랜드 의회에서는 16세 청소년들이 지방 선거 및 스코틀랜드 의회 선거에서 선거권을 행사할 수 있게 하였다.

청소년 정치 참여를 위한 교육계의 노력

영국에서는 2002년부터 11세에서 16세의 학생들이 들어야 하는 필수 과목 가운데 하나로 '시민 교육(Citizenship Education)'이 지정되었다. 시민 교육은 지역 사회와 선생님 및 코디네이터 등의 전문가가 협력하여 학생들에게 정치를 학습하게 하는 것으로, 그 교육 방법 또한 자율적으로 결정할 수 있다는 점에서 다른 필수 과목들과 차이를 보인다. 학생들은 시민 교육을 통해 정치를 접하며 자연스럽게 자신만의 정치적 신념을 형성한다.

스코틀랜드 독립을 위한 투표에 참여한 학생이 투표장을 나서고 있다.

10대부터 활동한 해외의 정치인

독일
안나 뤼어만

15세에 정당에 가입, 19살에 국회
의원 비례 대표로 당선되었다.

스페인
파블로 이글레시아스

14살에 공산당 청년 연맹에 가입을
시작으로 정치 활동을 시작, 지금은
사회부총리로 활동하고 있다.

그리스
알렉시스 치프라스

고등학생 시절부터 공산당 청년
조직에서 활동, 만 41세에 그리스
최연소 총리가 되었다.

아일랜드
리오 버라드커

아일랜드의 총리 역시 청소년
시절부터 정당 활동을 해 왔다.

오스트리아
제바스티안 쿠르츠

16세였던 지난 2003년 정당 활동을
시작하며 정치에 첫발을 내디뎠다.

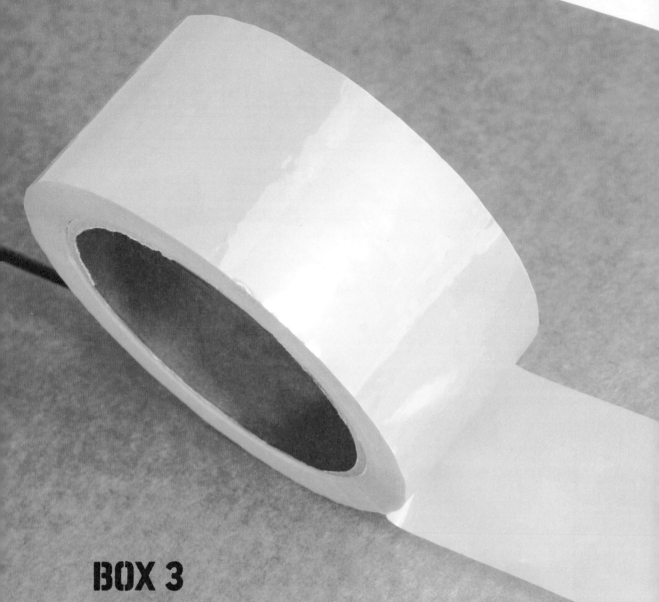

BOX 3
행동하기

BOX 3

세계 투표권 확대의 이모저모

한 국가의 국민으로서 의무를 지는 사람은 모두 선거권을 가질 수 있다는 '당연한' 생각이
자리 잡기까지 세계 각국에서 많은 노력이 있었다. 피 흘리는 희생이 있었던 국가도 있고,
시대의 흐름에 따라 국가 차원에서 먼저 선거권을 확대한 나라들도 있다. 세계 각국의
선거권 확대 현황을 간단하게 정리해 보았다. 대륙별로 함께 살펴보자.

그림 장명진

1793 프랑스

올랭프 드 구주(Olympe de Gouges)라는 여성 운동가가 「여성 인권 선언문」을 발표하고 여성의 권리를 주창하다 처형됨.

1832 영국

세계 최초로 보통 선거를 실시

21세 이상의 남성, 귀족과 토지 소유자에 한함.

1885 영국

법적으로 거의 모든 남성이 투표권을 갖게 됨.

참정권을 달라고 시위하는 노동자, 이를 막는 의회, 그 모습을 비웃는 자본가를 풍자한 그림

재산에 상관없이 투표권을 달라는 영국 노동자들의 참정권 확대 운동인 '차티스트 운동'이 큰 영향을 끼쳤지. 차티스트 운동은 그 당시엔 성공하지 못했지만 나중에 대부분 실현되었어!

1918 영국

21세 이상의 남성과 30세 이상의 여성으로 투표권을 확대함.

여성 참정권 확대를 주장한 서프레제트 운동에 참가한 여성들

2014 영국

스코틀랜드 독립 여부를 묻는 투표에 16세 유권자가 참여

2016 영국

EU 탈퇴 선거에 18세 유권자가 참여함.

인포그래픽: 세계 투표권 확대의 이모저모

유럽 EUROPE

프랑스에서는 선거권을 얻게 된 18세 거주자를 초대하여 선거 등록증과 시민 권리 증서를 전달 예식을 가진다고 해!

현재 프랑스

18세가 된 선거권자는 자동으로 선거인 명부에 등록되어 투표권을 가짐.

프랑스 유권자 카드

1906 핀란드

유럽 최초로 여성에게 선거권 부여

1907 핀란드

세계 최초로 여성 의원 19명 선출

1921 스웨덴

보통, 평등 선거 시작

2008 오스트리아

선거 연령을 16세로 낮춤.

현재 독일

현재 연방 의회 선거는 만 18세, 독일 10개 주 지방 선거는 만 16세부터 투표권을 가짐.

현재 바티칸 시국

추기경만 교황을 선출하는 투표권을 가짐. 추기경은 남성만 될 수 있으므로 여성에게 원칙적으로 투표권이 없음.

아시아·오세아니아
ASIA·OCEANIA

1893 뉴질랜드

여성에게 세계 최초로
투표권 부여

1919 뉴질랜드

여성에게 피선거권 부여

1902 호주

여성에게 참정권 부여

호주에서는 학생들이 학교를
통해 선거인 등록을 하고,
'호주 선거 위원회' 누리집을
통해 질문도 할 수 있대!

학교에서 모의 투표를 해 볼
수 있는 투표 프로그램도
잘 되어 있다는군!

1948 대한민국

5월 10일 최초의 민주적 선거인
'제헌 국회 의원 선거'가 치러짐.
21세 이상의 남녀 국민 모두가
선거권을, 25세 이상의 국민은
피선거권을 갖게 됨. 보통 선거,
평등 선거, 직접 선거, 비밀
선거의 4대 원칙이 지켜짐.

초대 대통령 및 부통령 선거가
제헌 국회 의원에 의해 간접
선거로 치러짐.
(이승만 초대 대통령 당선)

우리나라는 첫 민주 선거부터
여성이 참여했고
선거의 4대 원칙이
반영되었지!
하지만, 전쟁과 독재 등
민주적 선거 제도가
자리 잡기까지 많은 시련도
있었어.

5. 10 제헌 국회의원 선거

1960 대한민국

3.15 부정 선거로 이승만
대통령이 재선되었으나
4.19 혁명으로 물러남.

4. 19 혁명 시위 모습

1963 대한민국

선거를 통해
박정희 대통령 취임

1987 대한민국

대통령 직선제를 통해
노태우 대통령 취임

1995 대한민국

전국 동시 지방 선거 개최

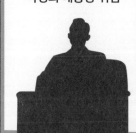

2006 대한민국

일정 조건을 갖춘 외국인이 지방 선거에
참여(체류 자격 취득일 이후 3년이
경과한 외국인)

2015 일본

투표에 참여할 수 있는 연령을 20세에서
18세로 하향 확대함.

2020 대한민국

만 18세로 선거권 연령이 확대됨.

아메리카
AMERICA

1919 미국

여성에게 투표권 부여함.

1964 미국

소수계 유권자의 투표를 독려하기 위해 '수정 헌법 24조'가 채택됨

1966 미국

미국의 모든 주에서 흑인 투표권 인정함.

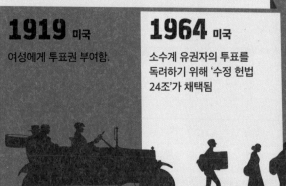

흑인 참정권을 주장하며 마틴 루터 킹 목사가 한 연설이 유명하지.

"I have a dream."

1970 캐나다

헌법 개정으로 모든 선거에서 18세 이상 시민에게 선거권을 부여함.

1971 미국

21세에서 18세로 선거 연령을 확대함.

현재 미국

일부 주에서는 주민 투표나 지방 선거에 16세 유권자에게 선거권을 부여하고 있음.

2021 아르헨티나

투표 연령을 18세에서 16세로 낮추는 법안이 통과됨.

현재 브라질

16세부터 투표에 참여할지 선택할 수 있으며, 18세부터 선거 참여가 의무화됨. 참여하지 않으면 벌금을 내야 함.

브라질은 전자 투표를 시행하는 나라야. 휴대폰을 통해 실시간으로 선거 현황을 볼 수 있다도 해. 선거 전부터 나라가 축제 열풍으로 들썩인다고 해.

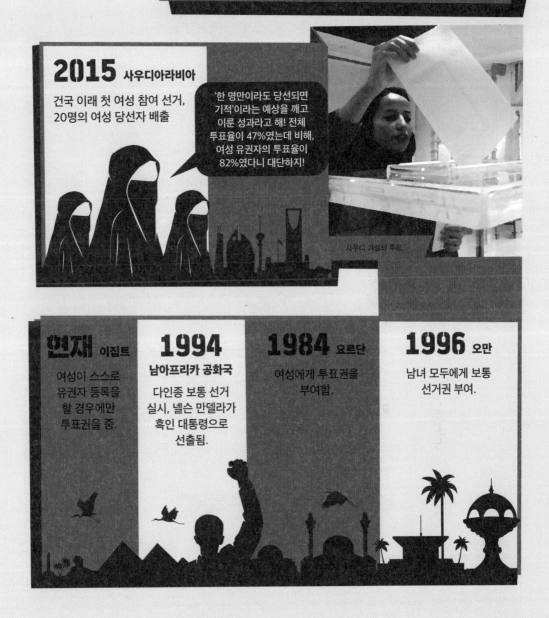

중동·아프리카
MIDDLE EAST·AFRICA

2015 사우디아라비아

건국 이래 첫 여성 참여 선거,
20명의 여성 당선자 배출

'한 명만이라도 당선되면 기적'이라는 예상을 깨고 이룬 성과라고 해! 전체 투표율이 47%였는데 비해, 여성 유권자의 투표율이 82%였다니 대단하지!

사우디 여성의 투표

현재 이집트

여성이 스스로
유권자 등록을
할 경우에만
투표권을 줌.

1994
남아프리카 공화국

다인종 보통 선거
실시, 넬슨 만델라가
흑인 대통령으로
선출됨.

1984 요르단

여성에게 투표권을
부여함.

1996 오만

남녀 모두에게 보통
선거권 부여.

참고 자료
• 『살아 있는 한국사 교과서 2』, 전국 역사 교사 모임, 휴머니스트, 2004.
• 『청소년을 위한 한국 근현대사』, 김인기 외, 두리미디어, 2006.
• 「각국의 선거권 연령과 학제 비교」, 선거 연수원 제도 연구부, 2017.
• 카를로스 고리토, 「선거는 민주주의의 축제다」, 『beautiful days』 24호, 6~7쪽, 중앙 선거 관리 위원회, 2018.
• 'OECD 국가 중 왜 우리만 없을까? '18세 선거권', 오마이뉴스, 2017. 2. 4. 기사
  (www.ohmynews.com/NWS_Web/View/at_pg.aspx?CNTN_CD=A0002284911)
• '사우디아라비아 여성들의 간절함, 손에 쥔 여성 참정권', 중앙 선거 관리 위원회 누리집. (https://www.nec.
  go.kr/portal/bbs/view/B0000425/34220.do?menuNo=200618)
• '역사로 살펴보는 선거권 이야기', 중앙 선거 관리 위원회 누리집. (https://www.nec.go.kr/portal/bbs/view/
  B0000282/33885.do?menuNo=200199&searchWrd=&searchCnd=&viewType=P&pageIndex=2)
• '대한민국을 만든 70가지 선거 이야기', 중앙 선거 관리 위원회 누리집. (https://www.nec.go.kr/portal/bbs/
  view/B0000425/39061.do?menuNo=200618&searchWrd=&searchCnd=&viewType=&pageIndex=1)

입도 즐겁고, 몸도 건강하고, 마음도 자라는 매점에 가다!

경기 신일 비즈니스 고등학교
사회적 협동조합 '도토리' 방문기

공동체 의식을 바탕으로 학생들이 직접 학교 매점을 운영한다는 경기 신일 비즈니스 고등학교 협동조합 도토리에 방문했다. '학생 주도'라는 키워드로 도토리를 운영하는 분들을 윤지민 학생 기자가 만나 보았다.

만난 사람들

+ **이사장 김은비**
2018년 사회적 협동조합 공부를 시작하고 도
토리가 만들어지기까지 몸과 마음을 갈아 넣
었다. 현재 건강한 도토리를 운영 중인 개국공
신이자 일등 공신!

+ **사무국장 곽미예**
경기도 연천에서 협동조합의 꿀맛을 경험하고
도토리 협동조합 만들기에 신나게 참여한 에너
자이저 교사.

+ **학생 이사 이동하**
눈높이에 맞는 설명과 몸짓으로 도토리 홍보에
중추 역할을 하고 있다. 학교 가게를 설계 및 디
자인하며 건축학도의 꿈까지 품게 된 신비고의
레오나르도 다빈치!

+ **학생 이사 김유림**
도토리를 지키는 히어로! 난관에 부딪힐 때마
다 명석한 두뇌와 빠른 판단으로 해결책을 척
척 제시한다. 홍보 문구부터 로고 제작까지 논
스톱으로 처리하는 만능 키!

+ **학생 이사 김소연**
도토리 판매 물품 선정 감각뿐만 아니라 흥도
넘쳐 도토리에서 주크박스를 담당하고 있다.

✍ 학생 기자 윤지민
경기 대화 고등학교 2학년

사회적, 협동조합, 도토리

사회적 협동조합 도토리(이하 '도토리')에 대해 설명해 주세요.

곽미예 사무국장(이하 '미예') 쉽게 이야기하면 저희 학교 매점이에요. 다만 다른 학교와 다른 점은 우리 학교 매점은 '사회적 협동조합'이라는 점이죠. 학생들이 출자금을 내서 주인으로 참여하고 운영도 해요. 지역 주민들도 조합원으로 가입하시면 매점을 이용하실 수 있고요. 일반적인 협동조합과 차이가 있다면 운영하며 발생한 이익을 조합원에게 분배하지 않고 구성원, 즉 저희 학교 학생들의 복지와 공동체의 상생을 위해 다시 사용하지요.

협동조합 형태로 매점을 운영하게 된 이유나 계기가 궁금해요.

미예 사실 자잘한 고민들이 모여 도토리를 시작하게 되었어요. 특성화고에 보내는 주변의 곱지 않은 시선을 바꿔 보고 싶었고, 원거리에서 통학하는 학생들에게 건강한 간식을 주고 싶었고, 학교 다니는 내내 진학과 취업 사이에서 갈등하는 학생들에게 도움을 주고 싶었습니다.

김소연 (이하 '소연') 배가 고플 때 학교 근처에서 가 볼 수 있는 건 교문 옆 주먹밥집과 멀리 걸어가야 있는 편의점이 전부였습니다. 그래서 학교에 매점이 설치되면 좋겠다는 생각을 가지게 되었습니다. 더불어 교내 매점에서 간식을 판매하는데 그 간식이 이왕이면 건강하게 제조, 유통되는 것들이면 좋을 것 같다는 생각도 들었고요.

도토리를 시작하시게 된 계기나 필요성에 대해서는 잘 알겠습니다.
그렇지만 도토리가 어떻게 운영되는지는 아직 알쏭달쏭한데요,
시스템에 대해 좀 더 자세히 설명 부탁드려요.

김은비 이사장 (이하 '은비') 출발은 100% 조합원의 출자금으로 이루어졌습니다. 출자금을 기반으로 물품 구입을 진행했는데 물품 선정 또한 조합원들의 치열한 토론과 여러 번의 시식회를 거쳐 결정되었습니다. 그 결과 건강하고 바른 먹거리 위주로 물품이 선정되어 판매되고 있습니다.

소연 등교 시간과 점심시간에 운영하고 있습니다. 학생 조합원들이 자발적으로 물건도 판매하고 대기하는 학생들의 줄 관리를 도맡아 하고 있습니다.

도토리가 이렇게 자리 잡을 수 있었던 특별한 계기가 있다면요?

<u>은비</u>　다른 학교 등의 운영 사례를 본교에 맞게 꾸준히 벤치마킹했습니다.

예를 들자면, 저희는 처음엔 유기농 과자와 음료수만으로 시작을 했는데

금세 관심이 시들해지더라고요. 이런 과정에서 아이스크림이 굉장한 매출을

차지한다는 사실을 듣고 저희도 곧바로 판매를 해서 유효한 수익을 내고 있습니다.

다른 학교 사례를 바탕으로 점차 저희만의 색깔을 가진 도토리가 될 것이라

생각합니다.

이동하(이하 '동하')　학교를 바꾸겠다는 의지가 아닐까요? 처음에는 조합비를 납부해야

한다는 것 때문에 학생들이 가입을 꺼렸지만 매점 운영이 활발해지면서 활동에

참여하겠다는 인원이 많아졌습니다. 지금과는 다른 학교의 모습을 꿈꾸는

조합원이 많아지는 게 가장 중요하다고 생각합니다.

학생이 주인이 되는 학교 가게

도토리에서 활동하는 학생 분들도 처음에는 협동조합이 생소했을 것 같은데, 이렇게 학생이 주도하는 활동에 참여하게 된 동기가 무엇인가요?

동하 김은비 선생님의 권유로 참여하게 되었습니다. 할 수 있을지 고민이 됐지만 지금과 다른 학교생활을 할 수 있을 것이라는 생각에 흔쾌히 응했습니다. 또한 창업 교육을 받을 수 있어 나중에 저만의 사업을 할 때 지금의 경험이 큰 발판이 될 것 같아 놓치면 후회할 것이라는 생각이 들어 함께하게 되었어요.

소연 저는 사실 중학교 1학년 때 동아리로 교내 협동조합 매점이라는 프로젝트를 해 본 적이 있었어요. 그때의 기억을 살려 '어 매점 운영? 재밌겠다. 한번 해 봐야지.'라는 호기심에 참여했습니다. 처음엔 너무 가볍게 보고 신청한 것 아닌가 하는 생각이 들었지만 예전에 해 본 단기 프로젝트에선 없었던 다양하고 새로운 경험들이 제가 도토리 활동에 참여하게 된 주된 동기라고 생각해요.

김유림(이하 '유림') 매점이라는 단어에 제일 먼저 끌린 것은 사실이지만, 이 매점을 학생들이 만들어 간다는 것에 참여 의지를 다졌습니다. 직접 내부를 디자인하고 판매 품목을 설정하는 등 매점 설립에 직접적으로 개입하는 것은 보통 다른 학교 안에서는 상상도 못 해 볼 일이기 때문에 이런 점들이 새롭게 다가와 도전해 보고 싶었습니다.

이 활동을 시작할 때 부모님이나, 주변 친구들의 반응은 어떠했나요?

소연 학생 이사를 모집할 때는 반대하셨습니다. 제출해야 하는 서류도 많고 복잡해서 아무래도 불안하셨다고 합니다. 하지만 제가 계속 하고 싶다는 의사를 밝히니 결국 허락해 주시고 적극적으로 응원도 해 주셨습니다. 그리고 제 주변 친구들은 협동하는 활동들을 굉장히 좋아하는 편입니다. 그래서 모든 활동에 적극적으로 참여해 줬습니다.

개인적인 학업과 협동조합 활동을 병행하는 데에 어려움은 없나요?

동하 공부를 원래 잘 안하던 성격이라 크게 지장은 없는 것 같습니다. ☺

소연 아직까지는 없는 것 같습니다. 조합원 교육 같은 경우에는 보통 방과 후에 남아서 듣기도 하지만 수업 시간 중에 이루어지는 경우가 더 많아서 학원이나 다른 활동에 방해는 없었습니다. 외부 활동도 거의 주말을 이용해서 그리 멀지 않은 지역 축제에 참가했던 것들이라 저에겐 따로 방해라고 느껴졌던 적은 없었던 것 같습니다.

유림 이따금 수업을 빠지고 협동조합 운영교 워크숍에 방문해야 하는 상황도 있었지만, 저에게 있어서 조합원 활동은 개인적인 학업과는 별개로 굉장히 중요한 부분입니다. 이 또한 하나의 공부라고 생각하고 꾸준하고 성실하게 활동에 참여하고 있습니다.

도토리에서 활동하면서 자신의 행동이나 가치관이 변화된 점이 있다면 무엇인가요?

동하 모든 행동 하나하나가 조심스러워진 것 같습니다. 고1 때만 해도 항상 생각보다 행동이 먼저였지만, 이제는 하나하나 생각을 해 보고 '이 일로 하여금 몇 명이 이득을 보고 몇 명이 피해를 볼까?' 하는 생각을 하며 실행에 옮깁니다.

소연 협동이 생활에 녹아든 것입니다. 여럿이 의견을 내고 토의하며 상황에 가장 적절한 대안을 결정하거나 힘을 합쳐 어떤 난관을 헤쳐 나가는 것들에 조금 더 익숙해지는 것 같습니다.

유림 다른 이를 도와 더불어 살아간다는 점 하나만으로도 뿌듯함과 행복을 느낄 수 있다는 것을 알게 되었고, 사소한 일에도 표면적인 이익만이 아니라 내적으로 무엇을 얻을 수 있는지를 생각할 수 있게 되었습니다.

주변과 나누며
지속 가능한 매점을 위하여

앞으로 어떤 활동을 더 진행할 계획인가요?

동하 리사이클링, 업사이클링과 관련된 활동을 진행하고 싶습니다. 수익금은 도토리 운영에 쓰거나 사회적 단체에 기부하는 방향으로 계획하고 있습니다.

소연 버려지는 필기구를 재활용해서 다른 나라에 기부하는 사업과, 이불 등을 쪽방촌에 기부하는 다모아 프로젝트 등을 우선적으로 진행하고 싶습니다.

유림 '제로-웨이스트' 운동에 힘을 더하는 활동을 하고 싶습니다.

학생들에게 있어서 도토리는 어떤 의미인가요?

동하 꿈의 디딤돌입니다. 진로를 사업 쪽으로 생각하고 있는데, 도토리 협동조합과 비슷한 게 많다고 느꼈습니다.

소연 독특한 매점입니다. 비조합원들에겐 쉽게 접하지 못하는 협동조합 물건들을 접할 수 있는 새로운 기회, 조합원들에겐 다양한 활동을 체험해 볼 수 있는 장이라고 생각합니다.

유림 학생들은 보통 매점에서 단순 소비자입니다. 매점의 운영 방식에 대해 함께 얘기하고 사회적 협동조합을 널리 알리는 것은 학창 시절 거의 해 볼 수 없는 값진 경험입니다. 그만큼 사회적 협동조합 도토리는 학생들에게 새로운 것을 경험하고 느끼게 하며 소심한 학생들도 큰 목소리를 낼 수 있게 도와주는 역할을 합니다.

도토리가 궁극적으로 이루고자 하는 목표가 있다면 무엇일까요?

은비 학생들이 자신의 삶과 치열하게 부딪히고 또 고민하며 살아가는 데 발판이 되기를 바랍니다. 주인 의식을 가지고 온 힘을 다해 도전하고 고민하길 기대합니다. 주체적인 의식을 가진 조합원들이 많아질 때 도토리도 비로소 빛을 내며 무궁한 발전을 이룰 것이라 굳게 믿고 있습니다.

동하 학생이 움직이는 학교를 만드는 것입니다. 학생들이 계획을 세워 직접 실행하는 자세를 갖추게 하는 것이 도토리의 궁극적 도달점이 아닐까 싶습니다.

소연 공동체 생활을 느껴 보는 것이라 생각합니다. 공동체 생활을 하며 남을 이해하고, 함께하고, 배려하는 마음을 갖도록 도와주는 것 같습니다.

유림 더 나은 학교를 향해 한 마음 한 뜻으로 움직이는 것입니다. 자신이 도토리를 위해, 학교 운영을 위해 어떤 일을 할 수 있을지 생각해 보는 자세가 필요하다고 생각합니다. 🎒

더 알고 싶다! 도토리!

알겠다. 도토리 협동조합, 건강한 먹거리를 양심적으로
파는 매점인 것은 이미 잘 알겠다.
하지만 재미는 언제나 시시콜콜한 비하인드 스토리에서
나오게 마련! 폼 잡느라 인터뷰 중엔 물어보지 못한
근질근질했던 궁금증을 따로 모아 풀었다!

(1)

도토리 간식을 고르는 기준은!

----

① 식품 첨가제가 많이 들어 있지 않은 것
② 우리 땅에서 나는 원재료로 만든 제품

----

(2)

도토리 BEST 5
도토리에서 가장 잘 팔리는
품목
5가지를 꼽는다면?

1위 아이스크림
종류와 상관없이 아묻따 1,000원!
도토리 매출의 일등 공신!

2위 고구마 스틱
어른, 아이 모두의 최애 간식

3위 우리 밀로 만든 와플
고소하고 풍부한 버터 맛이 일품!

4위 사과 주스
음료수도 빠질 수 없죠!

5위 라면땅
우리 밀로 만든 라면땅. 마구 부숴
친구들과 나눠 먹으면 1분 클리어

----

(4)

물건은 누가 파나요? 정산도 물건 파는 사람이 하나요?

이사회를 통해 매니저 고용에 대해 결정합니다. 현재 도토리에서 근무하는 매니저는 우리 학교 졸업생이며 동시에 조합원입니다. 정산은 매일 이사장이나 사무국장이 하지요.

----

(3)

도토리 이용 꿀팁이 있다면?

가끔 유통 기한이 근접한 제품을 할인 판매합니다. 올해 여러 차례 있었어요. 코로나19로 학생들이 없을 때 재고를 고스란히 도토리에서 떠안게 되었거든요. 게다가 일부 품목은 유통 기한이 지나서 1+1 행사도 했습니다. 물론 고객님들께는 고지했습니다. 이런 이벤트는 오픈하는 순간 빛의 속도로 매진됩니다.^O^

----

(5)

도토리의 첫 매출은?

2019년 11월 중순에 포스기를 설치하고 바로 물품이 들어왔어요. '잘 되나?' 하는 궁금한 마음과 설레는 마음에 사무국장이 처음 2,200원을 결재했습니다. 짜릿한 그 순간을 조합원 단톡방에 공유했습니다.

시민에게 보내는 축사

노정석

위스콘신 주립대 교육학과 1학년. 코로나 19로 인해 동영상 강의를 들으며 한국에서 대학 생활 중이다.
덕분에(?) 첫 투표를 무사히 마칠 수 있었다. 고등학교 3학년 때 『삼파장 형광등 아래서』를 펴내며 작가가 되었다.
교육학을 계속 공부해 대한민국의 교육을 조금 더 바람직하게 바꾸어 가는 사람 중 한 명이 되고 싶다.

2020년에 치러진 제21대 국회 의원 선거(4·15 총선)는 21세기에 출생한 국민이 참여한 첫 선거였다. 만 19세 이상 국민에게만 주어지던 선거권이 한 단계 느슨해진 것이다. 코로나 19 특보에 밀린 단신에는 투표권 확대를 환영하는 쪽과 이를 탐탁지 않게 보는 시선이 번갈아 나왔지만, 이 변화로 인해 원래라면 할 수 없었던 투표를 하게 된 당사자인 '나'는 정작 별생각이 없었다. 투표는 성인이 되면 으레 할 수 있는 것으로 생각했기 때문이다. 만약 선거권 확대가 이루어지지 않았다면 운전면허도 취득하고 결혼도 할 수 있는데 투표는 할 수 없는 내 상태를 이상하게 생각했을 것 같다. 4·15 총선에 갖고 있던 기대감은 인생 첫 투표라는 점 때문이었지, 청소년이 참여하는 투표였기 때문은 아니었다.

내게 '선거' 하면 떠오르는 것은 언제나 첫 번째가 휴일, 두 번째가 도로에 지나다니는 시끄러운 트럭들이었다. 어른들은 선거가 시민의 중요한 권리이자 의무라고 이야기하면서도 정작 선거일에는 의무감만으로 투표소에 들르는 것 같았다.

어린 눈으로 봐 왔던 투표는 앞뒤가 안 맞는 콩트 같은 것이었다. 공익 광고 등에서는 '당신의 소중한 한 표를 기다린'다거나 '투표는 권리가 아닌 의무'라는 이야기를 하는데 정작 어른들 중에는 투표일에 맞춰 여행을 가는 분도 있었다. 이렇게 한쪽은 투표를 권장하고 다른 한쪽은 시큰둥한 상황이 몇 주간 반복되다가 하루쯤 쉬고 나면 확성기 달린 트럭도, 행복한 유권자가 등장하는 광고도 전부 없어지는, 마치 전쟁 직후 군대가 철수한 듯한 황량한 풍경이 펼쳐지는 것이 내가 본 투표였다.

　　민주주의 사회에서는 선거를 통해 자신의 주권을 행사하기 때문에 투표는 가장
중요한 정치 참여 행위라고 우리는 학교에서 배운다. 그렇지만 교과서에 묘사된 사회의
모습과 현실은 얼마나 다른가? 자신에게 표를 달라고 선거 유세를 하던 사람들은 국회에서
몸싸움을 하거나 오물을 퍼 나르고, 이들을 뽑은 사람들은 정작 정치인을 별로 좋아하지
않는다. 그래서 내게 정치와 투표는 어른들이 이따금 즐기는 블랙 코미디 같은 것이 되었다.
그러나 아무렇지 않게 여기던 것들도 처음 해 볼 때가 되면 떨리기 마련이다. 성인이
되었음을 증명해 주는, 고등학교 졸업 후 해금되는 각종 권리들은 쉽게 잊히지 않는 첫 맛을
남기는 법이다. 투표도 내게 있어 그런 경험 중 하나였다.

　　누구를 뽑든 거기서 거기일 테니 아무나 뽑겠다던 마음은, 선거 유인물이 집으로
배달되는 순간부터 조금씩 바뀌기 시작했다. 정답을 찾도록 12년간 훈련된 대한민국
이과의 두뇌는 어느새 수북이 쌓인 후보 이력서와 포스터 사이에서 내 선택을 정당화할
매력적인 후보를 찾고 있었다. 후보 이름만 봐도 결정을 내릴 수 있는 선거 베테랑인
부모님과는 다르게, 후보의 납세 이력부터 전과 기록, 가장 중요한 공약까지 전부 꼼꼼히
읽어 봐야 마음이 풀렸다. 지역구 후보들의 포스터를 보고 있자니 재미있는 것들이 많았다.
무조건 세금을 풀어 지원금을 지급하겠다는 사람이 있는가 하면, 지역 인프라를 위해 각종
편의 시설을 유치하겠다는 사람도 있었다. 빼곡히 채워진 공약들을 읽고 있자면 과연
이 많은 약속들이 지켜질 것인지, 아니면 몇 개라도 지켜지기나 하면 다행인지 알 수가
없었다.

후보 포스터와 가전제품 홍보물에서 다른 점을 굳이 찾자면, 공약은 제품에 이미 탑재된 기능이 아니라는 것이다. 말하자면 공약이 실현될 수도 있고 아닐 수도 있는데, 노력은 해 보겠다는 뜻 같았다. 마음에 드는 이야기를 하는 후보는 찾기 어려웠지만, 결국 '이 정도면 다른 후보들보다는 잘할 것 같은' 사람을 고르게 됐다.

이렇게 정당과 후보들을 '조사'하면서 왠지 모르게 유용한 정보를 알게 된 것 같은, 살아가는 데 꼭 필요한 공부를 하고 있는 것 같다는 생각이 들었다. 어른들은 학교에서 중요하다고 배우던 과학과 수학은 정작 모르기 일쑤지만, 정치 이야기는 어느 어른이든 중요하게 생각하기 때문이다. 그전까지는 재미도 없고 이해도 되지 않던 신문 정치면이 그럭저럭 이해가 된다. 친구들과 만난 자리에서 서로 처음 할 투표 이야기를 하고, 마음에 드는 정당과 바람직한 정책 이야기를 하고 있자면 민주주의 사회의 열정적인 구성원이 되어 가는 느낌마저 들었다.

투표를 한 날은 생각보다 조용히 지나갔다. 사회적 거리 두기로 인해 투표소인 동사무소에서는 직원들이 줄을 선 사람들에게 비닐장갑을 나눠 주고 있었다. 2미터 간격을 유지하며 기다리는 동안 안내하시는 분이 다가와 체온을 쟀다. 마스크와 비닐장갑을 착용한 상태로 십여 분을 기다리다 보니 2층에 도착했고, 손에 들고 있던 신분증을 제출하자 내 투표용지가 인쇄되기 시작했다. 맙소사, 투표용지는 정말 길었다. 연동형 비례 대표제가 새롭게 도입된 사실을 몰랐다면 원래 정당이 이렇게 많았던가 하고 놀랐을 것이다. 실제로 투표용지가 원래부터 이렇게 긴 것인 줄 알았다는 친구도 있었다. 기표가 끝난, 길고 긴 용지를 몇 번의 시도 끝에 잘 접은 후, 내 소중한 한 표를 수거함에 넣고 동사무소를 빠져나왔다.

집으로 돌아오며 느낀 감정은 '허무함'이었다. 학교에서 배우던 '투표'는 민주주의를 구현하는 데 가장 중요한 행위였고, 투표할 수 있는 나이가 된다는 건 사회의 구성원으로서 인정받는 기점이라고 생각했다. 그런데 단순히 종이에 도장을 몇 번 찍고 접은 후 커다란 상자 안에 넣는 것으로 모든 것이 끝나다니. 내 표는 수많은 표 중에 하나일 뿐이라니. 표를 준 후보가 자신감 넘치게 지지할 만한 사람도 아니었는데 말이다.

실제로 내가 느낀 허무함, 그러니까 내 표가 민주주의 의사 결정에 충분한 영향을 줄 수 없다는 느낌은 이미 민주주의와 관련된 다양한 연구에서 시민의 정치 참여를 저해하는 요소 중 하나로 간주되고 있단다. 민주주의의 가장 강력한 장점은 대중의 정치 참여를 통해 다양한 사람들의 의견이 사회의 결정에 반영되는 것인데, 자신의 표가 전체 의사 결정 과정에서 너무 작은 부분이라는 사실을 깨닫는 순간부터 투표 참여에 대한 원초적인 동기가 사라지는 것이나 다름이 없기 때문이다.

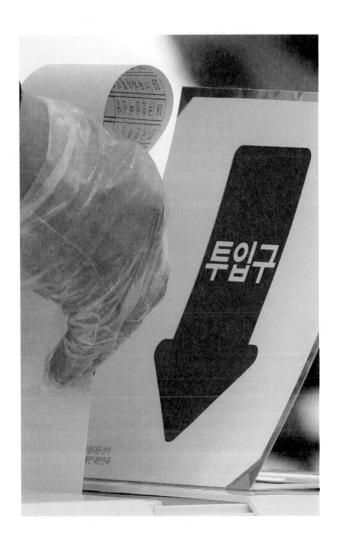

　　더구나 대한민국의 학생들은 학교 안의 다양한 의사 결정 과정을 경험하면서 각자의 목소리가 반영되기 어려운 상황을 자연스럽게 학습한다. 학교 규칙과 운영이 학생들의 의사와 상관없는 방향으로 흘러가는 것을 본 경험이, 자연스럽게 투표에 대한 기대를 낮추는 일을 하고 있는 것이다.

　　그러나 투표 참여를 통해 나의 시야가 넓어졌다는 것은 확실히 해 두고 싶다. 어른들의 일, 블랙 유머의 소재, 각종 황당한 일의 무대라고만 생각했던 정치에 대해 주어진 권리를 책임감 있게 행사해야겠다는 모종의 의무감이 일게 되는 4월이었다. 후보들이 우스꽝스럽게 등장하는 그래픽이 재밌어서 보던 개표 방송을, 사뭇 다른 느낌으로 시청하고 있는 나를 발견하고 있었다. 생애 첫 표를 던진 많은 만 18세들도 마찬가지였으리라 생각한다.

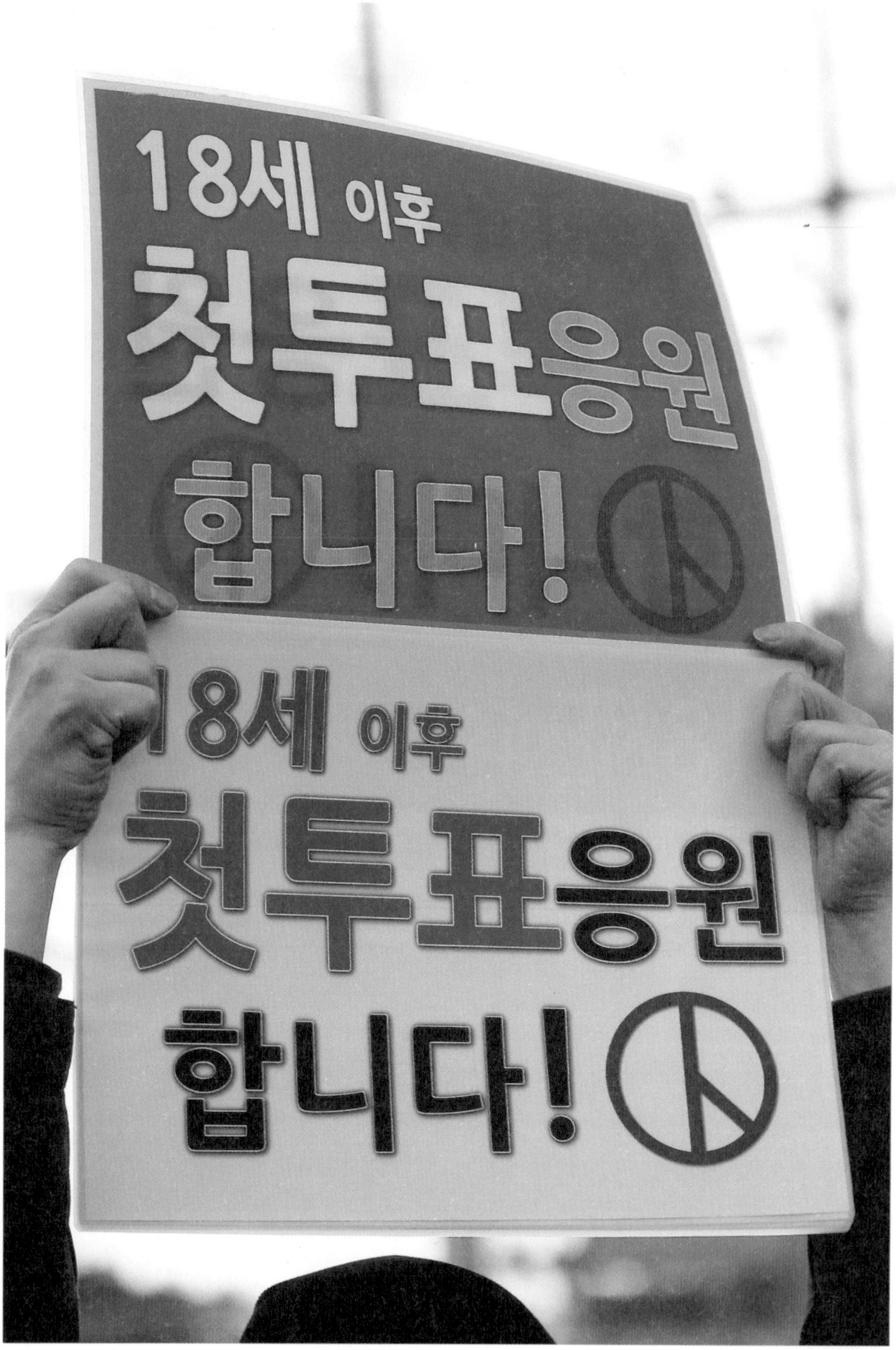

'청소년 투표권'은 고등학교 토론 수업이나 모의 국회에서 자주 다뤄지던 주제였다. 교복 제도 폐지안이나 교내 전자 기기 사용 금지안 등, 학생들의 권리에 관한 주제들은 으레 공동의 이익을 위한다는 명목으로 그 권리를 제한하는 쪽으로 결론이 나곤 한다. 청소년 투표권도 학교가 정치적 공간이 되거나 학생들이 쉽게 선동당할 수 있다는 이유로 학생들 사이에서도 의견이 분분했던 주제다. 정말 학생들은 투표를 하기에 적합하지 않은 나이일까? 이번 선거를 통해 다시 생각해 보게 된 건, 자신의 의견을 대변하는 후보를 선택하기 위해 많은 지식과 경험이 필요하지 않다는 것이다. 지지할 후보를 선택하는 이유는 때로는 공감할 만한 문구 한 문장일 수도 있고, 마음에 드는 정책 하나일 수도 있다. 대부분의 유권자가 후보의 신상을 낱낱이 외우고 공약 내용을 전부 이해할 수 없듯, 청소년들도 마찬가지다. 중요한 것은 자신을 대변해 줄 누군가를 내 손으로 선택할 수 있다는 믿음이다. 결국 민주주의는 공동의 의사 결정에 참여하는 개인의 의지와 헌신에 기대어 그 위력을 발휘하기 때문이다.

나는 나이나 사회적 지위가 아니라 민주적인 의사 결정 과정에 참여하고자 하는 마음가짐에서 후보와 정책에 대한 깊은 이해와 건설적인 비판 능력이 나온다고 믿는다. 청소년들이 민주적인 결정을 경험하고 그 효용을 체감하며 자란다면, 장기적인 관점에서 충분히 생산적이고 건전하게 정치에 기여할 수 있을 것이다.

잊을 만하면 돌아오는 선거라는 국가적인 행사에는 대의 민주주의를 실현하기 위함이라는 중요한 목적이 이미 있지만, 나는 국민 개개인에게 민주 사회의 주권자임을 각인시키는 숨겨진 기능 또한 있다고 믿는다. 평소에 자각하지 못했지만, 선거철이면 '소중한 한 표를 행사'할 중요한 사람이 되어 한 시민의 시선으로 사회를 돌아보는 것이다. 이것이야말로 사람들이 매번 선거 결과를 그다지 기대하지 않거나 냉소적인 유머의 소재로 삼으면서도 기꺼이 자신의 한 표를 행사하는 이유가 아닐까? 이 암묵적인 관계를 나는 직접 투표에 참여하며 비로소 깨닫는다.

교육학에서는 가장 기본적인 교육 방법으로 모방을 꼽는다. 오래 전 아이들이 밭과 대장간과 축사에서 어른들로부터 곡식을 심고 철을 주조하고 가축에게 사료를 먹이는 방법을 배웠듯, 바람직한 민주주의 사회에서도 청소년들은 투표라는 중요한 행사에 참여하며 주권을 가진 시민으로서의 책임과 권리를 알아 갈 것이다. 어른들과 친구들이 함께 참여하는, 중요해 보이는 행사들 속에서 우리는 조금씩 자란다. 태어나 처음 시민의 권리와 의무를 맞이하는, 이제 막 성인이 되려는 우리를 함께 축하하기로 하자. ■

유남규
청소년 인권 활동가

왜?
선거는
금인가?

칼럼

활동가에게 듣는 참여 이야기

어쩌다 인권 활동가

여기 10대 시절 겪은 부당함을 그냥 지나치지 못한 것을 시작으로 어른이 되어서도 청소년의 권익 향상을 위해 활동하는 한 사람이 있다. 부당함에 대처하는 방법이 궁금한 친구들을 위해 이야기를 풀어놓은 청소년 인권 활동가를 만나 보자.

활동가로서의 시작,
두발 규제라는 폭력

시작은 고등학교 2학년, 첫날이었다. 딱딱한 표정으로 교실에 들어온 담임 교사의 첫 마디는 새 학년에 설렘을 가지고 앉아 있던 학생들을 단숨에 얼어붙게 만들었다. "내일까지 전부 머리 쳐올려서 깎아 옵니다." 이어지는 담임 교사의 설명에 의한 헤어스타일은 소위 말하는 '귀두 커트' 내지는 스포츠머리였다. 머리의 뒤와 옆은 수직으로 바짝 깎아 올리고, 전체적으로 머리칼을 짧게 깎아 앞머리가 눈썹을 넘어가지 않게 자르는 스타일. 당시에는 거의 모든 학교에 두발 규제 학칙이 있었고, 내가 다니던 학교가 주변 학교들에 비해 규제가 다소 빡세기는 했지만 귀두 커트는 당시 기준으로도 강요하는 학교가 그리 많지 않은, 구시대적인 헤어스타일이었다.

담임 교사는 나이가 별로 많지도 않은 젊은 남자였는데, 그의 권위적인 사고방식과 강압적인 태도는 수십 년 전 과거에서 온 듯했다. 누군가 학칙상 그렇게까지 깎지 않아도 되지 않느냐고 질문하자, 학칙이고 뭐고 담임인 자기 마음이라고 했다. 불만 있으면 반을 옮기라고도 했다. 사실 나는 미용실에 가면 매번 '알아서 잘 잘라 주세요.'라고 할 정도로 헤어스타일에 큰 관심이 없었기 때문에 머리를 어떻게 깎는지 하는 건 큰 문제가 아니었다. 하지만 담임 교사 일개 개인의 취향에 따라 수십 명의 학생들이 원하지 않는 무언가를 강요받는다는 그 이상한 상황을 납득할 수 없었다.

고민 끝에 머리를 깎지 않고 학교에 갔다. 가 보니 나와 친구 한 명만 머리를 안 깎고 왔다. 담임이 왜 머리를 깎지 않고 왔냐고 묻기에 머리 깎기 싫으니 반을 옮기겠다고 말했다. 담임은 당황하는 기색이 역력했다. 지금껏 교직 생활을 하면서 이런 식으로 대놓고 '반항'하는 학생들을 만난 건 처음인 눈치였다. 담임은 나가서 담배를 뻑뻑 피우고 오더니 우리를 그대로 두고 부모에게 전화를 걸었다.

학교가 시끄러워졌다. 부모가 학교에 불려 와 면담을 하고, 1학년 때 담임 교사와 교감이 차례로 내게 찾아와 설득 아닌 설득을 했다. 고작 머리 좀 자르는 게 뭐 어떻냐고 말이다. 고작 학생들 머리카락을 자기 마음대로 자르게 하겠다고 이 소란을 일으키는 담임과, 그 담임 체면 살려 주겠다고 온 학교가 편들고 나서는 꼴이 어처구니가 없으면서 화가 났다. 한바탕의 소란은 결국 나와 친구가 머리를 깎으면서 끝이 났다. 하지만 반항의 성과가 아주 없지는 않았다. 담임 교사는 다른 교사들에 비하면 여전히 머리 길이에 다소 신경질적으로 반응하긴 했지만 학년 첫날 설명한 것 같은 짧은 머리를 집요하게 강요하진 않았다.

좌절의 경험을 바탕으로 만난
청소년 인권 운동

그런 와중에도 담임 교사는 당당했다. 어디 신고하고 싶으면 신고하라고 하기까지 했다. 나중에야 안 사실이지만 담임은 머리 길이를 비롯해 별 것도 아닌 일로 학생들을 하도 패고 다녀서 '미친 개'라는 별명이 있었다. 실제로 같은 반 친구가 관련해서 교육청에 민원을 넣기도 했는데 아무 일도 일어나지 않았다. 심지어 담임은 수업을 썩 잘하지도 못했다.

나름 명문 소리 듣는 사립 고등학교에서 어떻게 저렇게 무능하고 문제 많은 사람이 여태 교사를 하고 있는지 많은 학생들이 궁금해했고, 그 의문에 답하듯 교장의 친척이라 그 '빽'으로 저렇게 멋대로 하고 다닌다는 소문이 돌았다.

일련의 사건을 겪으며 참기 힘든 무력감과 회의감을 느꼈다. 내가 왜 이런 취급을 받아야 하나. 왜 아무도 문제 있는 교사들을 제지하지 않나. 왜 학생들은 아무런 힘도 없이 자신의 존엄과 권리를 침해당해야 하나. 학교는 누구를, 무엇을 위해 존재하나. 반항에 함께한 친구를 비롯한 같은 반 학생들과 분노와 좌절의 경험은 공유할 수 있었지만, 그래서 무엇을 해야 하는지 그 답은 찾을 수 없었다. 부모에게 하소연해도 원래 학교가 그렇다, 예전에는 더 심했다, 버티고 견디는 수밖에 없다는 대답만 돌아왔다. 너무너무 답답했다. 분명 잘못된 건 내가 아니라 학교인데, 왜 학교는 바뀔 기미가 보이지 않고 나만 이렇게 힘든 것인가. 해결 방법은 정녕 없는 것일까.

막연한 답을 찾아 헤매던 그해 여름, 인터넷을 통해 우연히 '청소년인권행동아수나로'라는 단체를 알게 되었다. 청소년이 중심이 되어서 청소년 인권을 위해 직접 행동하는 단체라는 소개를 보았지만 설마 하는 생각이 먼저 들었다. 나와 같은 생각을 하는 청소년들이 또 있다니. 이런 게 문제라고 단지 생각만 하는 것이 아니라 함께 모여서 뭔가 바꾸기 위해 직접 행동한다니. 도저히 믿기 힘들었다. 내 눈으로 직접 보고 확인해야 직성이 풀릴 것 같았다.

바로 그 주 주말에 모임이 있다고 해서 모임에 나갔다. 학교에서 나는 남들처럼 두루뭉술하게 살지 못하는 이상한 사람이었는데 아수나로에는 그런 이상한 사람들이 모여 있었다. 너무 반갑고 신기했다. 학교와 교사에 대해 날을 세우고 불합리한 교육 제도를 비판해도 '원래 그런 거야.'라는 대답이 돌아오지 않았다. 대신 이를 바꾸기 위해선 무엇을 하면 좋을지 함께 얘기했다. 나는 굉장히 자연스럽고 빠르게 아수나로 활동에 빠져들어 갔다.

서울 학생 인권 조례 제정 운동

그해 10월, 서울 학생 인권 조례 주민 발의가 시작되었다. 체벌, 두발 규제 등의 학생 인권 침해를 법적인 제도를 통해 해결하여 학생 인권을 보장하기 위한 시도였다. 학생 인권 조례가 내가 원했던 답이 될 수 있을 거라고 생각했다. 겨울 방학 동안 집에는 학교 가서 자습한다고 뻥을 치고 길거리로 나가 아수나로 회원들과 함께 주민 발의 서명을 받았다. 학생 인권 조례를 서울시 의회에 안건으로 올리려면 서울 전체 유권자의 1%인 8만 5천 명의 자필 서명을 받아야 했다.

많은 활동가들이 참여해 추운 겨울날 며칠이고 길거리에서 서명을 받은 끝에 주민 발의가 성사되었다. 하지만 조례가 실제로 제정되고 시행되기까지는 또다시 많은 시간과 노력이 필요했다. 시의회 의원 회관 로비를 점거하여 농성까지 하는 우여곡절 끝에 서울 학생 인권 조례가 제정되었다. 그로부터 2주 뒤, 나는 고등학교를 졸업했다.

청소년 인권 운동을 만나고 학교생활 따위는 아무래도 좋았다. 나는 너무 늦은 시기에 청소년 인권 운동을 만나는 바람에 학교에서 아무것도 바꾸지 못하고 졸업하지만, 아수나로에서 함께 만들어 낸 학생 인권 조례는 서울의 모든 학교의 모습을 근본적으로 바꿀 수 있을 거라고 생각했다.

나는 학생 인권 조례의 혜택을 전혀 보지 못하지만, 학생 인권 조례가 바꾸어 나가는 학교의 모습을 학교 안에서 직접 보지는 못하지만 상관없었다. 학생 인권 조례는 학교에서 힘들었던 나의 시간이 결코 나의 잘못에서 비롯된 것이 아니었음을 증명하는 결실이었다. 고등학교 졸업 후에 대학에 가긴 했지만, 대학 생활보다는 학생 인권 조례의 정착화 활동에 매달렸다. 학생 인권 조례를 청소년들에게 알리고, 각 학교에 조례의 내용을 지킬 것을 요구하는 활동들을 했다. 도저히 변하지 않을 것 같던 세상도 조금씩이나마 바뀔 수 있다는 사실, 그리고 내가 직접 그러한 변화를 끌어내는 데 참여하고 있다는 사실에 가슴이 뛰었다.

끝나지 않는 문제들

하지만 조급한 마음에 비해 세상은 너무나 느리게만 변해 갔다. 학생 인권 조례를 만들었다고 끝이 아니었다. 학생 인권 조례 제정에 반대했던 이들은 조례의 시행을 방해하려고 들었다. 조례가 제정되었으니 각 학교들은 조례에 맞게 인권 침해적인 교칙들을 바꾸어야 했지만, 당시 교육부는 조례 제정을 반대하며 일선 학교에 학생 인권 조례와 관련된 어떤 지침도 보내지 말라는 '학칙 개정 정지' 명령을 서울시 교육청에 보냈다.

뿐만 아니라 교육부는 초중등 교육법 시행령에 두발 규제나 소지품 검사 등에 관한 내용을 넣음으로써 전국의 모든 학생 인권 조례를 약화시키려고 했다. 이는 특정 지역에서만 효력이 있는 '조례'가 전국 어디서나 효력이 있는 '법'보다 낮은 지위의 법률이기 때문에 생기는 한계였다. 그렇기에 학생 인권 조례 제정 여부에 따라 지역별 학생 인권 상황에 차이가 생기는 문제 또한 생기게 되었다. 학생 인권 조례가 제정된 지역에서는 두발 규제나 체벌, 휴대폰 압수 등의 일상적 인권 침해들이 상당히 줄어들었지만, 그러지 못한 지역에서는 여러 인권 침해들이 여전히 이어지고 있다.

하지만 학생 인권 조례가 시행되는 지역이라고 해서 학생 인권이 완전히 보호받고 있다고 말하기는 어렵다. 지난 2018년부터 서울을 비롯해 전국적으로 터져 나온 '스쿨 미투'를 통해 알 수 있듯이 권위에 기대 학생들에게 폭력을 휘두르고 학생들을 괴롭히는 교사들이 여전히 학교 현장에 멀쩡히 남아 있다. 또한 학생 인권 조례만으로는 학교 밖 청소년들을 포함하지 못하는 근본적인 문제도 있다. 우리나라의 청소년 정책은 철저히 '입시'를 준비하는 '학생' 위주로만 꾸려져 있다. 때문에 학교를 다니지 못하거나 학교를 그만둔 학교 밖 청소년들은 학생 인권 조례를 포함한 여러 제도와 정책으로부터 소외되고, 제대로 된 도움과 지원을 받지 못하게 된다.

학생 인권 조례는 중요한 성과이자 기준점이지만 여러 한계가 있다. 이런 한계들을 보완해 나가기 위해서는 교육 당국의 꾸준한 관심과 노력이 필수적이지만, 학생 인권 조례를 무시하거나 성범죄를 저지른 교사들에 대한 교육 당국의 모습에서 알 수 있듯이 정부와 정치인들은 청소년들보다 목소리가 크고 영향력이 있는 다른 사회 집단에 더 귀를 기울인다.
입시 제도만 해도 학부모들의 의견은 중요하게 고려하지만 정작 당사자인 학생들의 의견엔 관심이 적다.

정부가, 사회가, 학교가 이토록 청소년들에게 무관심한 근본적인 이유 중에 하나는 청소년들에게 권력이 없기 때문이다. 청소년들에게는 사회에 직접적으로 참여할 수 있는 실질적인 권리, 정치에 참여할 수 있는 참정권이 없다. 서울 학생 인권 조례 주민 발의 당시에도 정작 청소년들은 투표권이 있는 유권자가 아니라서 주민 발의에 참여하지 못했다. 조례 제정에 결정권이 있는 시의회 의원들은 학부모, 교사 등 '으-른'들의 반응만 살필 뿐 청소년들의 목소리를 귀담아듣지 않았다. 청소년에게 참정권이 없었기 때문이다.

여러 청소년 단체들은 지난 수십 년간 선거 연령 하향을 비롯해 청소년 참정권 보장의 필요성을 지속적으로 제기해 왔다. 지난 2017년부터는 전국 370여 개 단체들이 청소년 인권을 법의 형태로 제도화해서 보장하기 위해 '촛불청소년인권법제정연대'라는 연대 단체를 꾸려서 활동해 왔다. 그 결과 2019년 12월 27일, 선거 연령이 한 살 낮아져 만 18세 청소년들도 선거에 참여할 수 있게 되었다. 하지만 여전히 갈 길이 멀다. 청소년들은 민주주의 정치의 필수 요소인 정당에도 가입하지 못하고, 어떤 정당이나 후보자를 지지한다는 말을 하는 것조차 불법이다.

아직도 청소년 인권 운동을 하는 이유

이제 더는 청소년이 아닌데 왜 아직도 청소년 인권 운동을 하느냐는 질문을 종종 받는다. 청소년이라는 시기를 일생에서 따로 똑 내놓을 수 있다고 생각하지 않는다. 나이를 먹어 청소년이 아니게 되었다고 해서 '18살의 나'가 겪은 일들이 없었던 것으로 되는 것은 아니다. '과거의 나'들이 켜켜이 쌓여서 지금의 내가 존재하기에, 18살의 내가 겪은 문제들은 여전히 나의 문제이다.

과거의 내가 느꼈던 그 억울하고 분한 마음을 견디는 청소년들이 더 이상 없기를 바란다. 과거의 나처럼 학생이라는 이유로, 청소년이라는 이유로 부당한 일을 겪는 사람이, 자신의 존엄을 하릴없이 훼손당하는 사람이 더 이상 생기지 않기를 바란다. 나이를 먹어 청소년이 아니게 되었더라도 자신의 청소년기를 기억하고 현재의 청소년들이 처한 부당함에 공감하고 연대하여 함께 싸우는 사람들이 많아지기를 바란다.

청소년은 우리의 삶과 외따로 떨어져 살아가는 존재가 아니다. 청소년기를 겪어 온 사람들은 당시의 기억과 감정의 켜를 딛고 살아가고, 청소년인 현재를 살아가는 사람들이 곁에 있으며, 우리가 바꿔 나갈 세상 속에서 미래의 누군가가 청소년기를 보낼 것이다. 때문에 청소년들이 겪는 문제, 학교에서 일어나는 문제 또한 우리가 함께 고민하고 해결해 나가야 할 우리 사회 전체의 문제이다.

나는 바꾸고 싶은 우리 사회의 모습이 계속 눈에 밟히기에 청소년 운동을 하고 있다. 하지만 청소년 인권 운동은 아직 사회적, 경제적 기반이 안정되지 않아, 많은 활동가들이 활동을 그만두거나 다른 분야로 옮겨 가곤 한다. 사실 나 또한 언제까지 '활동가'로서 이러한 활동을 지속해 나갈 수 있을지 자신하기 어렵다. 내가 여태 활동가로서 활동하고 있는 건 활동에 대한 의지나 활동가로서의 소신이 특별히 강력해서라기보다는 단지 다른 이들보다 청소년 인권 운동을 하기에 유리한 배경과 조건을 우연히 조금 더 갖추고 있기 때문이다.

모두가 청소년 인권을 위해 싸우는 활동가가 될 수는 없고 될 필요도 없다. 사회는 활동가 몇몇의 헌신적이고 희생적인 노력으로 바뀌기보다는 수많은 사람들의 크고 작은 생각과 실천의 변화가 조금씩 쌓이고 쌓여 비로소 변화하기 때문이다. 단지 자신의 상황과 여건이 허락하는 한 청소년 인권 운동에 최대한 많은 관심과 지지를 보내 주길 바란다. 그리고 청소년 인권 운동을 했었던, 하고 있는 사람을 알게 된다면 작은 응원의 말 한마디를 전해 주기 바란다. 💼

딱 까놓고 말해 주세요!

활동가에게 물어봅시다!

뉴스나 토론 프로그램을 보면 사회적인 이슈에 대해 목소리를 높이는 활동가들을 볼 수 있습니다. 하고 싶다는 마음만으로 될 수 있는 것인지? 또 한다면 구체적으로 어떤 활동을 하는 것인지, 활동가라는 직업에 대해 궁금한 것을 유남규 님께 딱 까놓고 물어보았습니다.

Q **학업에 소홀하다고 부모님께 꾸지람을 듣지는 않으셨어요? 우리 엄마, 아빠 라면 당장 반대할 것 같은데요.**

A 고등학교 2학년 때 청소년 인권 운동을 시작하면서 성적이 팍 떨어졌어요. 당연히 온갖 잔소리와 걱정을 많이 들었죠. 하지만 당시의 저에게는 성적 같은 게 중요하지 않았어요. 그때까지는 입시 공부 말고 다른 길이 있는지조차도 몰랐는데, 완전히 새롭고 흥미진진한 길이 눈앞에 펼쳐진 셈이니까요.

대부분의 부모들은 자식이 사회적으로 정해져 있는 길에 소홀하면 일단 불안해하는 것 같아요. 하지만 그런 우려에도 불구하고 '내가 지금 이 길은 꼭 가야겠다.' 하는 순간들

이 살다 보면 종종 찾아오는 것 같고, 그런 시기가 닥쳐오면 설득하거나 싸우거나 하는 과정을 밟을 수밖에 없는 것 같아요.

물론 내 선택을 포기하거나 타협할 수밖에 없는 순간들이 오기도 할 거예요. 실제로 청소년 인권 활동을 꾸준히 지속하는 활동가들을 보면 부모가 활동을 이해하고 지지해 주는 경우가 많아요. 부모가 끝끝내 활동을 반대한다면 아무래도 사회적, 경제적 기반이 부족한 청소년 입장에서는 활동을 지속하기 힘들겠죠.

하지만 굳이 활동과 관련된 문제가 아니더라도 부모와 갈등을 겪는 과정 자체를 너무 두려워하지는 않았으면 좋겠네요. 아무리 부모 자식 관계라도 안 맞는 부분이 있을 수밖에

없고, 그럴 때마다 부모가 원하는 대로만 살면 재미도 없고 나중에 후회되지 않을까요?

Q 활동가는 구체적으로 무엇을 하나요? 저는 삭발하는 것도 싫고요, 신문에 사진 나가면 엄마한테 혼날 것 같아요.

A 활동가가 하는 일을 크게 보면 아래 세 단계 정도로 정리할 수 있는 것 같아요.
① 사회 문제를 해결하기 위한 주장을 잘 다듬어서, ② 보다 많은 사람들에게 널리 알려 지지해 주는 사람들을 모으고, ③ 실질적인 변화를 이끌어 내기 위한 활동을 한다.

①번 단계에서는 토론회나 세미나, 간담회 같은 행사를 통해 우리의 주장과 그 근거 같은 것들을 모으고 정리해요. 보다 새로운 주장과 논리를 만들어 내기도 하죠.
②번 단계에서는 거리에 나가 캠페인이나 1인 시위를 하기도 하고, 사회적 관심이 집중된 주제라면 언론을 통해 기사를 내보내기도 해요.
③번 단계에서는 주로 법률이나 정책을 바꾸거나 새롭게 만들기 위한 활동들을 해요. 정치인들을 직접 찾아가기도 하고 사람들을 모아서 집회를 열거나, 서명 운동을 벌이기도 하죠.

물론 이 세 단계에 포함되지 않은 활동들도 많아요. 하지만 그렇다고 활동 자체를 겁낼 필요는 없어요. 활동가라고 해서 모든 활동들을 전부 해야 하는 건 아니니까요. 해 보고 싶은 활동이나 잘할 수 있을 것 같은 활동들을 조금씩 함께 해 보시는 건 어떨까요?

Q 활동가로서 청소년들과 함께한 캠페인 중 보람을 느낀 기억이 있으면 말씀해 주세요.

A 청소년들의 이야기를 듣고 우리 주장을 알리기 가장 쉬운 방법 중의 하나가 바로 하교 시간에 맞춰 캠페인을 나가는 거예요.(요즘은 코로나 19 문제로 쉽지 않지만요.) 우르르 쏟아져 나오는 청소년들에게 홍보물을 나눠 주고 서명이나 설문 조사를 요청하다 보면 다양하고 자세한 소식을 들을 수 있어요.

보통 활동가 3~4명이 모여서 나가는데, 자기가 졸업하거나 다니고 있는 학교로 나가고 싶어 하는 경우가 많아요. 학교가 어떻게 바뀌었는지 확인할 수 있기 때문인 것 같아요. 불과 몇 년 전까지 있었던 두발 규제나 체벌 같은 게 이제는 거의 없다는 이야기를 듣거나, 아는 친구를 만나 네 덕분이라는 말을 들으면 뿌듯한 마음이 큰 것 같아요. 내가 해 온 활동들이 실제로 학교의 모습을 바꾸어 나가고 있다는 걸 학생들이 직접 얘기해 주니까요. 🎁

사소한 차별도 놓치지 않는 매의 눈!
우리도 탐재해 봅시다.

누가 바꾸느냐고요?
우리 모두 바꿀 수 있어요!

글 편집부
그림 애슝

이미 우리에게 익숙한 일상도 비판적인 눈으로 다시 보면 다른 사람들의 마음에 상처를 줄 법한 차별이 산재해 있다. 다수에 속했던 사람도 상황이 바뀌면 소수에 속할 수 있음은 우리 모두 상식으로는 잘 알고 있다. 하지만 실생활에서 찬찬히 찾아보면 등잔 밑이 어두웠음을 깨닫게 되는 사례들이 종종 있다. 우리가 공공연히 써 온 말이나, 누구나 이용하기 편리해야 하는 공공시설에 있는 사소한 차별을 놓치지 않고 개선한 사례들을 살펴보자.

어떤 색이 '살색'일까요?

불과 10여 년 전까지만 해도 크레파스 중에 살색 크레파스가 있었습니다. 표준국어대사전에 따르면 '살색'은 '살갗의 색깔'을 뜻하는 명사입니다. 사람의 피부색이 곧 살색인 샘인데, 다양한 색 가운데 특정한 색을 살색이라고 지정하면 어떤 문제가 생길까요? 어린이들은 자신이 사용하는 크레파스에 있는 살색 크레파스의 색이 살색이라는 생각을 무의식중에 하게 될 것입니다. 하지만 지구상에 있는 다양한 인종들의 살색은 한 가지 색이 아닙니다.

2001년 11월 가나 인 커피딕슨(Coffiedickson)을 비롯한 외국인 네 명과 '성남 외국인 노동자의 집'을 운영하는 김해성 목사가 국가 인권 위원회에 진정을 냈습니다. "특정 인종과 유사한 색을 '살색'으로 표기한 것은 피부색이 다른 사람들에 대한 차별 행위를 조장한다."는 이유였지요. 이에 인권위는 2002년 기술 표준원에 특정색을 '살색'이라고 명명한 것은 헌법 제11조의 평등권을 침해할 소지가 있으니 한국 산업 규격(KS)을 개정하도록 권고했습니다. 기술 표준원은 KS 표준(관용색)에서 살색을 없애고 문구류 등에 '연주황(軟朱黃)'을 사용토록 했습니다. 하지만 여기서 끝이 아닙니다. 2004년 8월 초등학생·중학생 여섯 명이 "지나치게 어려운 한자어인 '연주황'을 사용하는 것은 어린이에 대한 차별"이라며 연주황을 '살구색'이나 '봉숭아색' 같은 쉬운 말로 바꿔 달라는 진정을 냅니다. 이후 기술 표준원은 2005년 5월 KS 표준의 관용색 명칭을 개편하며 기존의 '살색'에

해당하는 명칭을 살구색으로 최종 확정하였고, 현재 우리가 쓰는 크레파스에는 '살색', '연주황색'이 아닌 '살구색'이 있습니다.

피부색이 하나라는 잘못된 인식을 심어 줄 수 있는 말에 문제를 제기하고, 이를 개선하려는 시도가 없었더라면 우리가 쓰는 크레파스에 여전히 살색이 그대로 남아 있었을 것입니다. 게다가 자신들이 쓰는 크레파스에 쉬운 우리말로 된 색깔 이름이 붙길 바랐던 어린이들의 목소리 역시 우리가 그냥 지나치기 쉬운 일상 속 차별을 바꾸려는 작은 노력이 세상에 얼마나 큰 영향을 미칠 수 있을지 생각하게 합니다.

비학생 청소년도 당당하게 청소년 할인을!

청소년이라고 하면 교복을 입은 학생들을 떠올리기 쉽습니다. 하지만 교육부에 따르면 매년 약 5만여 명의 학생들이 학교를 떠나고 있고, 2016년 기준으로 학교를 다니지 않는 청소년은 약 36만 명 정도로 추정됩니다.✦ 그럼에도 우리는 청소년은 으레

✦ 여성가족부, 『2018 청소년 백서』, 182쪽, 여성가족부, 2018.

학생이라고 생각하는 오류를 범합니다.

학교를 떠난 청소년들은 비행 청소년이라는 세상의 따가운 시선은 물론이고 청소년들에게 주어지는 여러 혜택마저 받기 어려울 때가 많았습니다. 학생증이 없으니 자신이 청소년이라는 신분을 증명할 수가 없었거든요. 예를 들면, 영화관, 공원, 고속버스 터미널 등 어디서나 성인 요금을 내야 하는 것이죠.

'청소년증'은 이러한 문제의식에서 출발했습니다. 2003년, 당시 고등학생이었던 박호언 씨는 청소년 증명을 학생증으로 대신하는 바람에 학교에 다니지 않는 청소년들이 각종 혜택을 받지 못한다며 이를 개선하기 위해 인권위에 진정서를 제출했습니다. 이후 같은 해에 청소년증이 시범 발급되었고, 2004년부터는 전국 시·군·구에서 청소년증을 발급하고 있습니다.

청소년증은 만 9세부터 만 18세 청소년들에게 발급되는 공적 신분증으로 이름과 주민 번호 등 개인 정보를 담은 기본형과 선불 교통카드 기능이 추가된 확대형 두 가지 종류가 있습니다. 청소년증은 공적 신분증이기에 은행 업무를 볼 때나 각종 시험에 응시를 할 때 신분 확인용으로 사용이 가능합니다. 물론 청소년증을 제시하고 청소년 할인 혜택도 받을 수 있고요.

하지만 청소년증은 청소년들에게 외면받기 일쑤입니다. 학교를 다니는 청소년들은 학생증을 사용하면 되고 학교에 다니지 않는 청소년들은 청소년증 사용을 꺼립니다. 청소년증을 내밀면 어딘지 모르게 따가운 시선을 받기 때문이죠. 청소년은 모두 학생일 것이라는 선입견을 버리고 청소년들 모두 청소년증을 발급받아 사용하면 어떨까요? 청소년이라면 누구나 청소년증을 내밀며 자신의 권리를 당당하게 요구하는 세상이 되어야 할 것입니다.

교통 약자도 자유롭게 다닐 수 있는 세상

2001년 오이도역에서 장애인용 리프트 추락 사고로 70대 장애인 부부가 사망하는 안타까운 사고가 있었습니다. 이를 계기로 같은 사고를 방지하고, 장애인들의 이동권을 보장하기 위한 법률 제정 활동이 이어졌습니다. 현재는 '교통 약자의 이동 편의 증진법'이 시행되고 있고, 장애인·노인·임산부 등 교통 약자의 이동 편의를 위해 특별 교통 수단을 도입해 운영하고 있습니다. 하지만 대부분의 기초 자치 단체에서 특별 교통 수단 배차 대기 시간이 평균 30분 이상이며, 주말이나 출퇴근 시간대의 배차 대기 시간은 1시간 이상이라고 합니다. 차량이 부족할 경우는 탑승이 거절되는 사례도 빈번하고요.

누군가는 아무런 불편 없이 이용하는 대중교통을 누군가는 어렵고 힘들게, 무엇보다 위험까지 감수하고 이용해야 합니다. 특히 장애인들의 이동권은 중요한 이슈이지만 개선 속도는 더디기만 합니다. 지하철 리프트가 제대로 관리되지 않는 일이 빈번하고, 저상 버스 역시 대부분 수도권에 몰려 있어 지방의 경우 그 수가 턱없이 부족합니다. 이를 증명하듯 대중교통을 이용하던 장애인이 크고 작은 사고를 당하는 일이 끊이지 않습니다.

다수가 불편하지 않을 때 소수의 불편은 자주 잊힙니다. 하지만 누군가 한 사람이라도 당연히 누려야 할 권리를 박탈당하고 있다면 그 사람을 포함한 사회 전체가 그 일을 돌아봐야 하지 않을까요. 누가 바꾸느냐고요? 바로 우리 모두가 시작할 때입니다. 📖

청소년증 발급받고 제대로 사용하기!

알아 두자 ① 청소년증 발급 받기!

신청하기	① 본인이 신청할 경우 - 발급 신청서 - 사진 1장
	② 다른 사람을 통해 신청할 경우 - 발급 신청서 - 사진 1장 - 대리인 증명 서류
접수하기	거주지에 관계없이 가까운 시·군·구청 및 주민 센터
청소년증 받기	신청 후 2주 뒤

알아 두자 ② 청소년증 소지자가 받을 수 있는 혜택

버스/지하철	20% 할인
여객선	10% 할인
영화관	500~1,000원 할인
박물관	무료~50% 할인
미술관	30~50% 할인
공연장	30~50% 할인 자체 제작 공연에만 적용
공원	무료~50% 할인
유원지	30~50%할인

※ 지자체 등의 사정에 따라 차이가 있을 수 있지만 대체로 교통 시설이나 여가 시설에서 할인 혜택을 누릴 수 있어요!

알아 두자 ③ 청소년증 사용 시 유의할 점

다른 사람에게 빌려 주지 말기
빌려 준 사람과 빌린 사람 모두 50만 원 이하의 과태료를 물 수 있다.

가짜 청소년증을 만들어 사용하지 말기
청소년증이라는 이름을 가진 다른 증서를 사용하면 과태료를 물 수 있다.

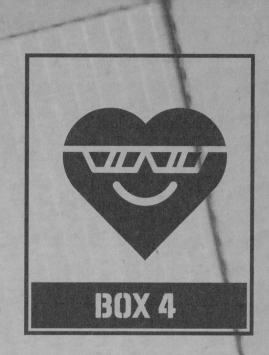

BOX 4

BOX 4
Feel & Joy

TEST: Yes/No로 알아보는 우리 학교 민주주의

GAME: 핵심 단어로 알아보는 민주주의 용어

YES/NO로 알아보는 우리 학교 민주주의

우리 학교는 얼마나 민주적일까? 여러 교육청에서 진행하는 설문을 모아 가벼운 테스트로 꾸며 보았다. YES/NO로 답하며 따라가 보자.

그림 장명진

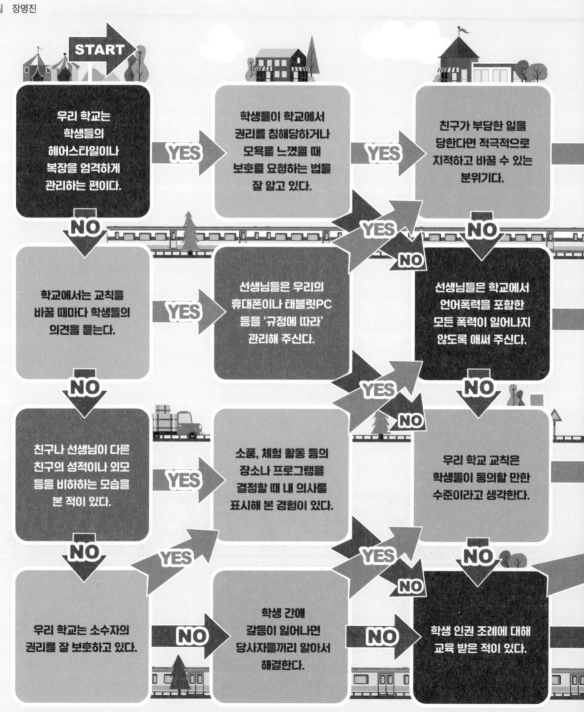

START

우리 학교는 학생들의 헤어스타일이나 복장을 엄격하게 관리하는 편이다.

YES

학생들이 학교에서 권리를 침해당하거나 모욕을 느꼈을 때 보호를 요청하는 법을 잘 알고 있다.

YES

친구가 부당한 일을 당한다면 적극적으로 지적하고 바꿀 수 있는 분위기다.

NO

YES

NO

NO

학교에서는 교칙을 바꿀 때마다 학생들의 의견을 듣는다.

YES

선생님들은 우리의 휴대폰이나 태블릿PC 등을 '규정에 따라' 관리해 주신다.

YES

NO

선생님들은 학교에서 언어폭력을 포함한 모든 폭력이 일어나지 않도록 애써 주신다.

NO

YES

NO

친구나 선생님이 다른 친구의 성적이나 외모 등을 비하하는 모습을 본 적이 있다.

YES

소풍, 체험 활동 등의 장소나 프로그램을 결정할 때 내 의사를 표시해 본 경험이 있다.

YES

NO

우리 학교 교칙은 학생들이 동의할 만한 수준이라고 생각한다.

NO

YES

YES

NO

우리 학교는 소수자의 권리를 잘 보호하고 있다.

NO

학생 간에 갈등이 일어나면 당사자들끼리 알아서 해결한다.

NO

학생 인권 조례에 대해 교육 받은 적이 있다.

참고 자료
· 2019 학교 민주주의 실현을 위한 교육 공동체 설문 조사(중·고등학생용), 경기도 교육청, 2019.
· 2017년 민주 인권 친화도 설문 조사(중·고등학생용), 광주광역시 교육청 광주 교육 정책 연구소, 2017.

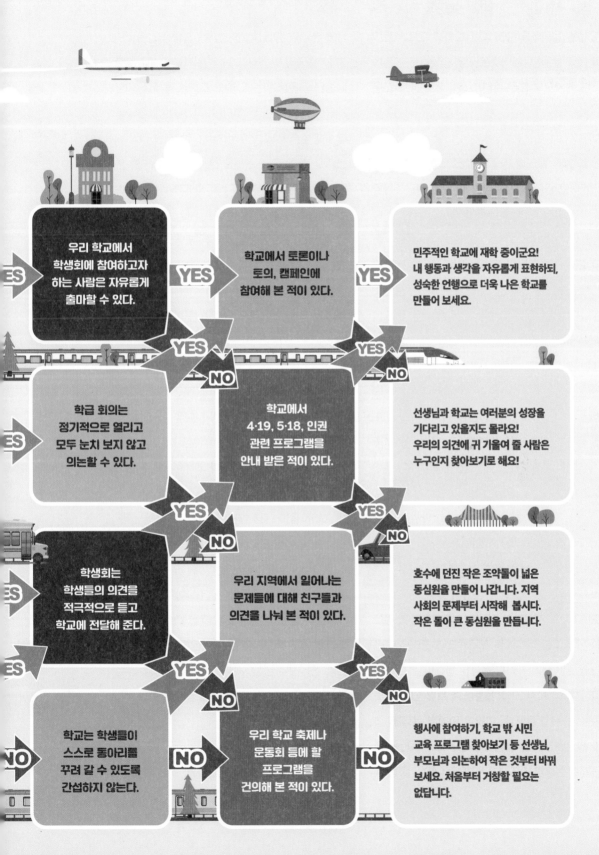

핵심 단어로 알아보는 민주주의 용어

친구들에게 그동안 쌓아온 지식을 맘껏 설명하며 숨 가쁘게 달려온 민주주의 여정을 게임으로 마무리해 보자.

그림 장명진

게임 방법

① 두 사람 또는 두 팀으로 편을 나눠 서로 출발 지점에 말을 놓는다. (말은 동전이나 바둑알 등으로 가능하다.)

② 각자 상대 팀에 있는 민주주의 용어 해설을 가진다. A 지점부터 시작하는 팀에서는 B부터 시작하는 팀의 용어 해설을, B 지점부터 시작하는 팀에서는 A부터 시작하는 팀의 용어 해설을 가지면 된다.

③ 말이 놓인 칸에 있는 단어를 상대방에게 설명한다. 상대방은 용어 해설('#' 표시 단어)을 보며 상대방이 핵심 단어를 얼마나 사용하며 설명하는지, 설명이 맞는지를 체크한다.

④ 핵심 단어 1개를 넣어 설명하면 1칸, 2개를 넣어 설명하면 2칸, 3개를 넣어 설명하면 3칸을 앞으로 이동한다. 설명이 맞더라도 핵심 단어를 사용하지 않으면 이동하지 못한다.

⑤ 말이 '깜짝 OX'에 놓이면 상대 팀에서는 해설표 맨 아래에 있는 '깜짝 OX' 퀴즈 중 하나를 낸다. 문제를 맞히면 말을 한 칸 이동하고, 틀리면 한 차례 멈춘다.

⑥ 중앙에 있는 도착점에 먼저 도착하는 편이 승리한다.

A팀 용어 해설
B팀이 사용하세요!

선거권 #선거 #참여 #투표	선거에 참여하여 투표할 수 있는 권리.
정당 #정권 #단체 #정치	정치적인 주의나 주장이 같은 사람들이 정권을 잡고 정치적 이상을 실현하기 위하여 조직한 단체.
대의제 #대표 #선출 #간접	사람들이 선거를 통해 대표자를 선출하고, 선출된 대표자들이 정부나 의회를 구성하여 정책 문제를 처리하도록 하는 간접 민주주의 형태.
투표 #선거 #의사 #표시	선거를 하거나 가부를 결정할 때에 투표용지에 의사를 표시하여 일정한 곳에 내는 일. 또는 그런 표.
선거 공약 #약속 #선거 #정책	정당이나 후보자가 선거 유세에서 하는 약속이다. 선출 후 임기 내에 실천하려는 정책으로 선거 운동 과정에서 정책 목표, 정책 수단, 세부 계획까지 제시한다.
학생 인권 조례 #학생 #권리 #차별	학교에서, 학생이 인간으로서의 존재만으로 당연히 누려야 하는 기본적인 권리를 보장할 수 있도록 만든 조례. 체벌 금지, 차별 금지 따위의 내용을 담고 있다.
의무 투표제 #의무 #투표 #벌금	의무적으로 유권자에게 투표에 참여하거나 선거일에 투표장에 오도록 하는 제도. 투표 불참자에게 벌금 등 불이익을 준다.
여당 #정당 #정권 #대통령	현재 정권을 잡고 있는 정당. 대통령제의 경우 대통령을 배출한 정당, 의원 내각제에서는 국회에서 많은 의석을 차지한 정당이 된다.
깜짝 OX	우리나라는 간접 선거로 초대 대통령 이승만을 선출하였다. 정답: O
	핀란드에서 국가 수준의 시민 발의는 15세 이상의 국민이면 누구나 참여할 수 있다. 정답: X, 15세 이상의 국민은 지역 수준의 시민 발의만 가능

B팀 용어 해설
A팀이 사용하세요!

용어	해설
기본권 #국가 #헌법 #권리	국가가 헌법을 통해 국민에게 보장하는 권리와 자유.
피선거권 #선거 #후보자 #권리	선거에 후보자로 나서서 당선인이 될 수 있는 권리.
인권 #인간 #기본 #권리	인간이라면 누구나 다 누려야 마땅하다고 세계 대부분의 나라들이 함께 인정하고 그 보호를 선언한 보편적 권리
선거 공보 #후보자 #문서 #정보	선거 관리 위원회가 정당이나 후보자에게 받아 선거 운동에 사용하도록 배포하는 문서이다. 후보자 정보공개 자료가 의무적으로 실린다.
다수결 원칙 #결정 #다수 #통일	단체나 기관에서 의사 결정을 할 때, 다수의 의견을 따르는 방법. 의사를 통일하는 민주주의의 기본 원칙 가운데 하나이다.
국회 의원 #대표 #국회 #선거	국민의 대표로서 국회를 이루는 구성원. 국민의 선거에 의하여 선출된다.
매니페스토 #공약 #정책 #서약서	예산 확보 및 구체적인 실행 계획 따위가 마련되어 있어 이행이 가능한 선거 공약. 정당이나 후보자가 당선되면 실천하겠다고 공약하는 구체적인 정책 서약서.
협동조합 #조합원 #사업 #조직	경제적으로 약소한 처지에 있는 소비자, 농·어민, 중소기업자 등이 각자의 생활이나 사업의 개선을 위하여 만든 협력 조직.
깜짝 OX	외국에 머물고 있다고 하더라도, 우리나라 국민이면 투표권을 행사할 수 있다. 정답: O
	영국 자유 민주당의 경우 13세 이상이면 정당에 가입할 수 있다. 정답: X, 자유 민주당은 정당 가입 연령에 특별히 제한을 두지 않는다. 13세 이상이면 가입할 수 있는 영국의 정당은 노동당이다.

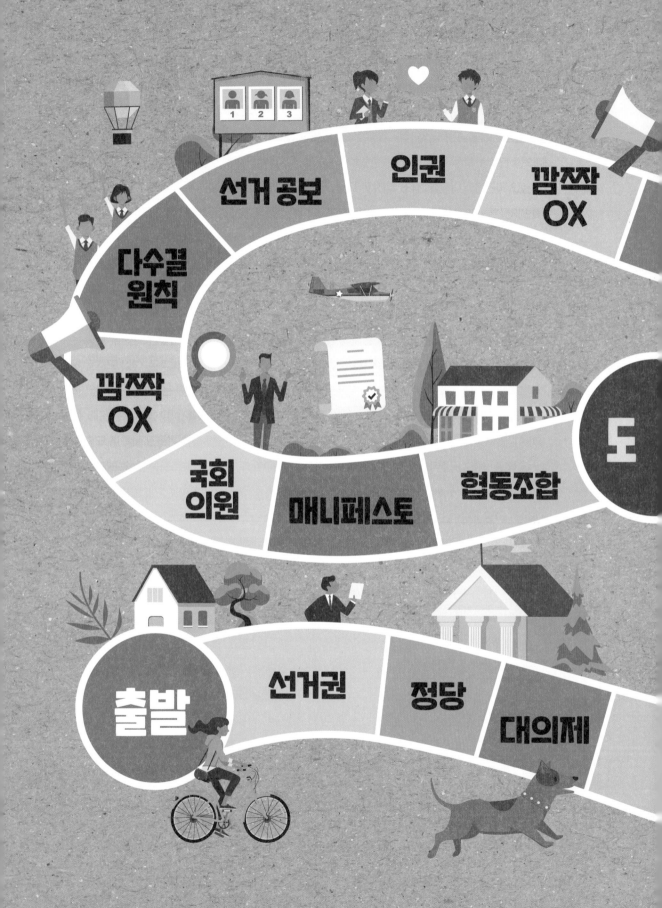